ShareLingo

Basic 2

Doc: Basic 2   Ver: 20200406   Copyright 2020, ShareLingo

© 2020 James Archer

All rights reserved. No part of this publication may be reproduced, distributed or transmitted in any form or by any means, including photocopying, recording or other electronic or mechanical methods, without the prior written permission of the publisher, except in the case of brief quotations embodied in reviews and certain other non-commercial uses permitted by copyright law.

www.ShareLingo.com/LessonBooks

About ShareLingo's Mission

The ShareLingo Project is a social enterprise based in Denver Colorado that specifically focuses on helping English and Spanish speakers meet and practice with each other. We will work with other languages "some day". The larger goal is to break down tension and barriers – to promote the idea that we can all live and work side-by-side regardless of race, religion, gender, sexuality, country of origin, or any other factor.

For more information about The ShareLingo Project's mission and goals, please order a copy of *Beyond Words* by ShareLingo's founder James Archer. All profits will help organizations that support and encourage diversity and inclusion.

Beyond Words was ranked #1 on Amazon in the category of Sociology of Race Relations and can help schools, hospitals, institutions, businesses, churches and our community in general.

http://bit.ly/ArcherBooks

Scan this code

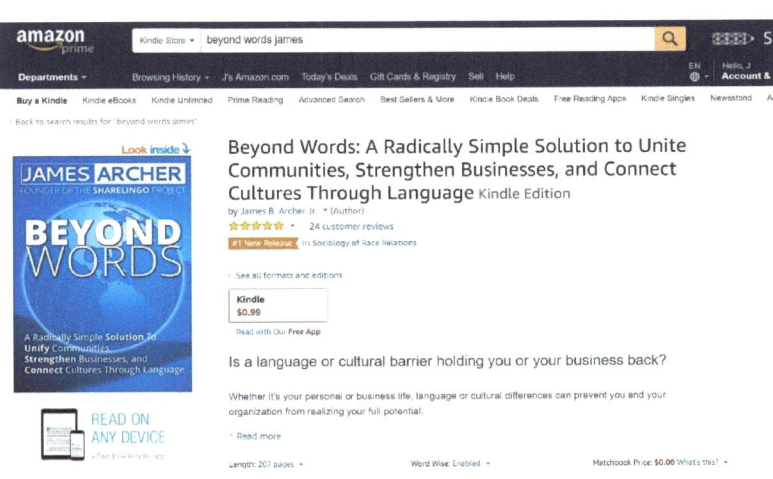

BIENVENIDO A SHARELINGO!

I don't take it lightly that you've invested in this program. And I can assure you that our team has been working nonstop to make this a world-class experience for you.

That's why I'm excited for you. This investment in ShareLingo marks the beginning of YOUR journey. So take comfort in that you are exactly where you need to be and you're surrounded by an absolutely incredible group of people who will support you to the end of that journey.

Now one thing you'll notice about ShareLingo is that we are very "hands on". Meaning, we are fully committed to your success and that means we are hyper engaged in all aspects of the course delivery. I tell you that because what you'll get from this experience is equal to what you put in.

Even more, you're now tapping into a community full of wisdom and insights as it relates to finally being able to speak Spanish with CONFIDENCE. That's why I encourage you to get to know the rest of the ShareLingo family. They are incredible and the communities they are working with are incredible too.

So welcome my friend. It's going to be a blast and I'm so looking forward to supporting you through this amazing experience.

Saludos,

James Archer

BIENVENIDO A SHARELINGO!

No tomo a la ligera que hayas invertido en este programa. Y puedo asegurarte que nuestro equipo ha estado trabajando sin parar para hacer de esto una experiencia de primera clase para usted.

Es por eso que estoy emocionado por ti. Esta inversión en ShareLingo marca el comienzo de TU viaje. Así que siéntete cómodo porque estás exactamente donde necesitas estar y estás rodeado por un grupo absolutamente increíble de personas que te apoyarán hasta el final de este viaje.

Ahora, una cosa que notarás sobre ShareLingo es que somos muy "prácticos". Es decir, estamos totalmente comprometidos con tu éxito y eso significa que estamos muy comprometidos con todos los aspectos de la entrega del curso. Te lo digo porque lo que obtienes de esta experiencia es igual a lo que pones.

Aún más, ahora estás aprovechando una comunidad llena de sabiduría y conocimientos en lo que respecta a finalmente poder hablar inglés con CONFIANZA. Es por eso que te animo a que conozcas al resto de la familia ShareLingo. Son increíbles y las comunidades con las que trabajan son increíbles también.

Así que bienvenido mi amig@. Va a ser una maravilla y estoy ansioso por apoyarte en esta increíble experiencia.

Saludos,

James

WELCOME TO SHARELINGO
BIENVENIDO(A) A SHARELINGO

The ShareLingo Project was developed to help people PRACTICE together.

For many people learning Spanish, the biggest barrier is not vocabulary or grammar... The biggest barrier is confidence speaking. And that means they just need more practice – with native speakers. Well, native Spanish speakers who want to speak English are in the same boat. They need confidence speaking too.

While the bilingual lessons in this book can certainly be used "stand alone", they were created as part of *The Spanish Success Path* course and membership developed by The ShareLingo Project.

ShareLingo developed and teaches a simple 4-part METHOD for English and Spanish speakers to use to practice together. This method ensures that both parties are getting "equal time" and that they can progress rapidly.

There are thousands of options for learning vocabulary and grammar – but what use are they if you still don't have any confidence speaking with native Spanish speakers?

If you would like more information about The ShareLingo Project, The Spanish Success Path, or the ShareLingo Method, please visit this link: www.iShareLingo.com

---

El proyecto ShareLingo fue desarrollado para ayudar a las personas a practicar juntos.

Para muchas personas que aprenden inglés, la barrera más grande no es el vocabulario o la gramática... La barrera más grande es hablar con confianza. Y eso significa que solo necesitan más práctica, con hablantes nativos. Bueno, los hablantes nativos de inglés que quieren hablar español están en el mismo barco. Necesitan confianza hablando también.

Si bien las lecciones bilingües en este libro pueden ser utilizadas "de manera independiente", se crearon como parte del curso y la membresía de El *Camino del Éxito de inglés* desarrollado por El Proyecto ShareLingo.

ShareLingo desarrolló y enseña un MÉTODO simple de 4 partes para que los hablantes de inglés y español lo usen para practicar juntos. Este método garantiza que ambas partes obtengan "el mismo tiempo" y que puedan progresar rápidamente.

Hay miles de opciones para aprender vocabulario y gramática, pero ¿de qué sirven si todavía no tienes confianza para hablar con hablantes nativos de inglés?

Si desea obtener más información sobre The ShareLingo Project, El *Camino del Éxito de inglés*, o El Proyecto ShareLingo, visite este enlace: www.iShareLingo.com/espanol

WELCOME TO SHARELINGO
BIENVENIDO(A) A SHARELINGO

Course Description: ShareLingo was designed to help you improve your communication skills in your target language through different activities, such as personalized discussions, videos, readings, online exercises, etc.

We will help you:

- Understand your motivation for learning Spanish
- Find a Native Spanish speaker who you can practice with.
- Learn how to practice efficiently and effectively
- Enjoy the process

Things to remember:

- **We all have the ability to learn a new language.** If you can learn a new word in English, you can learn a new word in Spanish. It is the same part of the brain.

- To speak a new language, you need two things – foundation and practice.
- Foundation gives you the Vocabulary and Grammar. You can learn that "Good Morning" is "Buenos Dias".
- There are hundreds of places to build vocabulary and grammar. Classes, Online (like DuoLingo), CDs, Rosetta Stone, etc. Great.

Descripción del curso: ShareLingo fue diseñado para ayudarle a mejorar sus competencias comunicativas en otro idioma, a través del desarrollo de diferentes actividades como discusiones personalizadas, videos, lecturas, ejercicios en línea, etc.

Le ayudaremos:

- Comprender su motivación para aprender español
- Encuentra un hablante nativo de inglés con quien puedes practicar
- Aprenda a practicar de manera eficiente y eficaz
- Disfruta del proceso

Cosas para recordar:

- **Todos tenemos la posibilidad y habilidad para aprender un nuevo idioma.** Si puedes aprender una nueva palabra en español, puedes aprender una nueva palabra en inglés. Es la misma parte del cerebro.

- Para hablar un nuevo idioma, necesita dos cosas: las bases fundamentales y la práctica.
- Las bases fundamentales te dan el vocabulario y la gramática. Puede aprender que "Buenos Días" es "Good Morning".
- Hay cientos de lugares para construir vocabulario y gramática. Clases, en línea (como DuoLingo), CD's, Rosetta Stone, etc. Genial.

WELCOME TO SHARELINGO
BIENVENIDO(A) A SHARELINGO

- Do those. Begin! - But if you want to speak with confidence to a real person – you have to PRACTICE with a real person. You won't have confidence saying "Buenos días" to someone until you have done it. - Approaching someone to "test" your language skills can be scary, and is the one thing that holds the most people back. But unless you can practice, you are destined to fail. Remember high school? - This is not just with language! Suppose you want to learn to play tennis. To really play, you have to practice with a PERSON. - ShareLingo is the place to PRACTICE Spanish with a real person. - Practice involves both LISTENING and SPEAKING. - This program is different than any language program you have tried before. - This program will teach you how to practice both listening and speaking with your partner. - It will also teach you how to FIND people to practice with you!	- Haz esos. ¡Comienza! - Pero si quiere hablar con confianza a una persona real, tiene que PRACTICAR con una persona real. No tendrá confianza diciendo "Good Morning" a alguien hasta que lo haya hecho. - Acercarse a alguien para "probar" sus habilidades de lenguaje puede ser aterrador, y es la única cosa que retiene a la mayoría de la gente. Pero a menos que pueda practicar, está destinado a fallar. ¿Recuerda la secundaria? - ¡Esto no es sólo con el lenguaje! Supongamos que quiere aprender a jugar al tenis. Para jugar realmente, tiene que practicar con una PERSONA. - ShareLingo es el lugar para PRACTICAR el inglés con una persona real. - La práctica implica tanto ESCUCHAR y HABLAR. - Este programa es diferente de cualquier programa de idioma que haya probado antes. - Este programa le enseñará a practicar, tanto como a escuchar y a hablar con su compañero. - ¡También le enseñará a ENCONTRAR personas a practicar con usted!

WELCOME TO SHARELINGO
BIENVENIDO(A) A SHARELINGO

For your safety

THE SHARELINGO PROJECT encourages people from all walks of life to exchange their languages and cultures with other people.

While ShareLingo encourages daily interaction between participants, it is important for your safety that you only meet with other participants in a safe and public location.

Whenever you meet with a practice partner, remember that you do so at your own risk, and be careful.

Para su seguridad

El PROYECTO SHARELINGO anima a gente de todos los ámbitos de la vida a intercambiar su idioma y cultura con otras personas.

Si bien ShareLingo recomienda la interacción diaria entre los participantes, es importante para su seguridad que sólo se presente con otros participantes en una locación segura y pública.

Siempre que se reúna con un compañero de práctica, recuerde que lo hace bajo su propio riesgo, y tenga cuidado.

WELCOME TO SHARELINGO
BIENVENIDO(A) A SHARELINGO

The ShareLingo Method
(working in pairs)

1. listen
- ES reads English, SS listens
- ES corrects SS's pronunciation
- *Change roles & repeat!*

2. read & pronounce
- SS reads English, ES listens
- SS reads English with corrections
- *Change roles & repeat!*

3. understand & translate
- ES translates from one language to other
- SS translates from one language to other
- *(covering up opposite side)*

4. speak: conversation happens!
- SS asks questions in English
- ES asks questions in Spanish

SS = Spanish Speaker   **ES = English Speaker**

WELCOME TO SHARELINGO

BIENVENIDO(A) A SHARELINGO

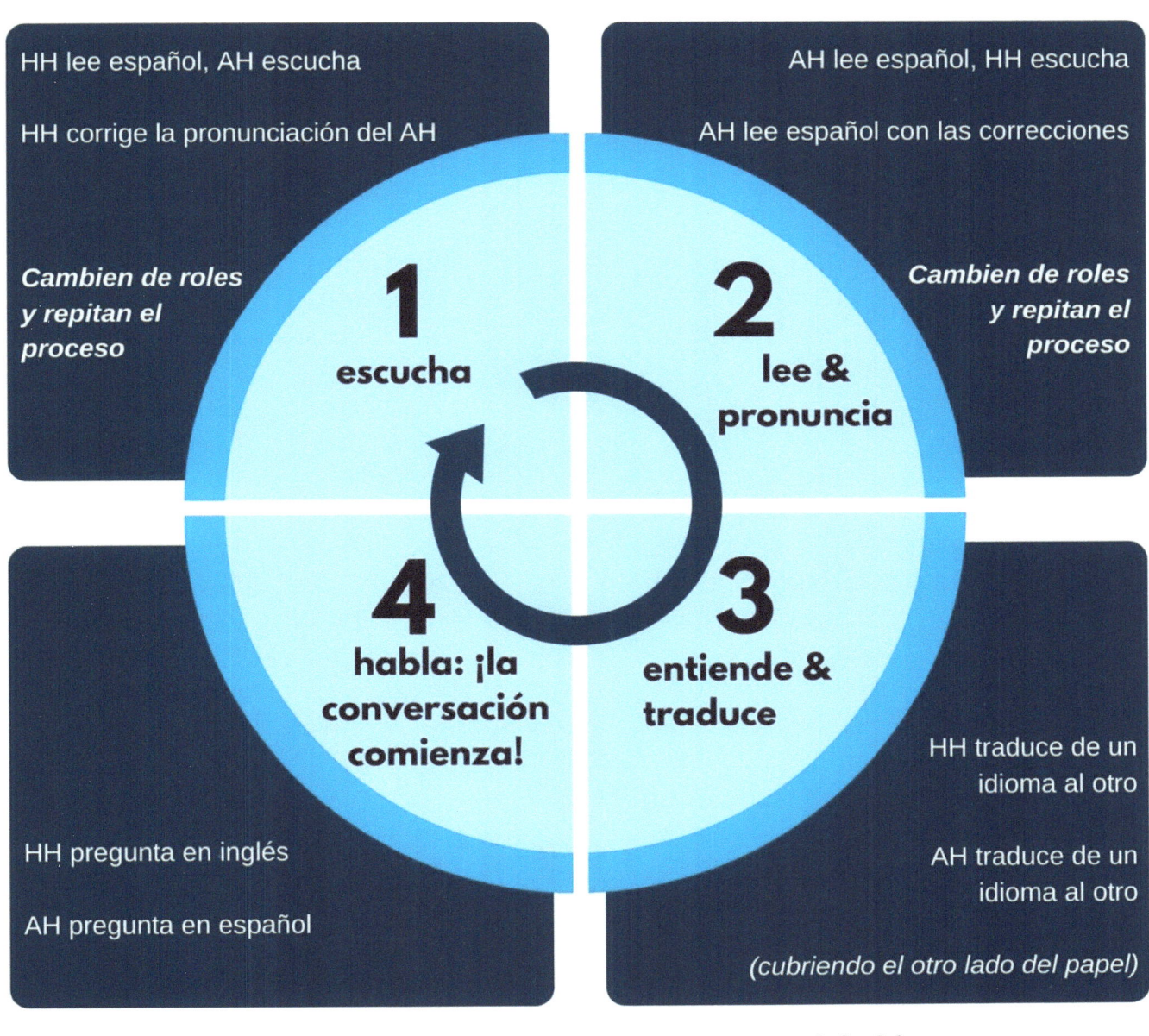

LESSON 1: ADJECTIVES AT THE SCHOOL

LESSON 01
ADJECTIVES – AT THE SCHOOL

Lesson Objective
To expand vocabulary identifying characteristics of places, people, and objects.

Vocabulary

LECCION 01
ADJETIVOS – EN LA ESCUELA

Objetivo de la lección
Expandir el vocabulario identificando características de lugares, personas y objetos.

Vocabulario

#		
1.	Short letter	Long Letter
2.	Cold winter	Warm winter
3.	Sunny day	Cloudy day
4.	Small school	Big school
5.	Friendly teacher	Unfriendly Teacher
6.	Warm Classroom	Cold Classroom
7.	Cozy Room	Uncomfortable classroom
8.	Big truck	Small truck
9.	Beautiful classroom	Ugly classroom
10.	Noisy classroom	Quiet classroom
11.	Very quiet	Very noisy
12.	High walls	Low walls
13.	Big windows	Small windows
14.	Many children	Few children
15.		

#		
1.	Carta corta	Carta larga
2.	Frio invierno	Tibio invierno
3.	Día soleado	Día nublado
4.	Escuela pequeña	Escuela Grande
5.	Maestro/a amigable	Maestra/o hostil
6.	Salón de clase tibio	Salón de clase frio
7.	Salón acogedor	Salón desagradable
8.	Camión grande	Camión pequeño
9.	Salón bonito	Salón feo
10.	Salón ruidoso	Salón silencioso
11.	Muy tranquilo	Muy ruidoso
12.	Muros altos	Muros bajos
13.	Ventanas grandes	Ventanas pequeñas
14.	Muchos niños	Pocos niños

LESSON 1: ADJECTIVES AT THE SCHOOL

15.	Short	Tall	15. Bajo	Alto
16.	Chubby	Skinny	16. Gordito	Flaco
17.	Angry	Calm	17. Enojado	Tranquilo
18.	Happy	Sad	18. Feliz	Triste
19.	Extrovert	Introvert	19. Extrovertido	Introvertido

ADJECTIVES – AT THE SCHOOL

1. My Dear Brother, I'm sorry it has taken me so long to write to you. I know that you don´t like to read emails. So, while I wait for my kids' teacher, I am feeling inspired so I am writing this <u>short</u> letter.

2. It is 7:00 am. It is a <u>cold</u> winter, but today is a <u>sunny</u> day. I am at my kids' school. They study in a <u>small</u> school. The school next to this one is <u>big</u>. The teachers are <u>friendly</u>. The classroom is <u>warm</u> and <u>cozy.</u> The classroom is divided into different spaces. One corner is full of toys. Red toys, blue toys, and green ones. There is a <u>big truck</u> . You used to love trucks. Do you remember the <u>big truck</u> that you used to play with in the backyard?

ADJETIVOS – EN LA ESCUELA

1. Querido hermano, perdona que me está tomando tanto tiempo escribirte. Yo sé que no te gustan los correos electrónicos. Entonces, mientras espero a la maestra de mis hijos me siento inspirado/a y estoy escribiendo esta <u>corta</u> carta.

2. Son las 7:00 de la mañana. Es un <u>frio</u> invierno, pero hoy es un día <u>soleado</u>. Estoy en la escuela de mis hijos. Ellos estudian en una escuela <u>pequeña</u>. La escuela del lado es <u>grande</u>. Las maestras son <u>amigables</u>. El salón de clase es <u>calientito</u> y <u>acogedor</u>. Está dividido en diferentes espacios. Una esquina está llena de juguetes. Juguetes rojos, juguetes azules y verdes. Hay un <u>camión grande</u>. A ti te encantaban los camiones. ¿Recuerdas el <u>camión grande</u> con el que jugabas en el patio trasero.

LESSON 1: ADJECTIVES AT THE SCHOOL

3. My kids have a <u>beautiful classroom</u>. Sometimes the room gets <u>noisy</u>. Sometimes it is <u>very quiet</u>. All the walls are <u>high</u>. The walls have two <u>big windows</u>.

4. There are <u>many children</u>. Many are <u>tall</u> and others are <u>short</u>. Many are <u>chubby</u>, and others are <u>skinny</u>. Some are <u>angry</u>, while others are <u>happy</u> and they smile all the time. Some are <u>shy</u> and some are <u>extroverts</u>. But all of them love to play and to learn.

3. Mis hijos tienen un <u>lindo salón de clases</u>. Algunas veces el salón se pone <u>ruidoso</u>. Otras veces es <u>muy tranquilo</u>. Todos los muros son <u>altos</u>. Los muros tienen dos <u>ventanas grandes</u>.

4. Hay <u>muchos niños</u>, algunos <u>altos</u>, otros <u>bajos</u>. Unos <u>gorditos</u> y otros <u>delgados</u>. Algunos viven <u>enfadados</u>, otros son <u>felices</u> y sonríen todo el tiempo. Algunos son <u>tímidos</u> y otros <u>extrovertidos</u>. Pero a todos les gusta jugar y aprender.

CLASS ACTIVITIES

Working with your classmate

- Go back to the story and write the opposites over each one of the adjectives. Share other words with your partner that have similar or the same meaning (synonyms).

- Describe your classroom to your partner using the same kinds of adjectives (opposites).

4. **ACTIVIDADES PARA LA CLASE**

Trabaja con tu compañero/a

- Regresa a la historia y escribe los opuestos sobre cada uno de los adjetivos. Comparte con tu compañero otras palabras con el mismo o similar significado (Sinónimos).

- Describe el salón de clase a tu compañero/a usando el mismo tipo de adjetivos (opuestos).

LESSON 1: ADJECTIVES AT THE SCHOOL

Using different adjectives, complete the sentences:

In my classroom, we have so many things. My desk, which is _____. The white board is _____. We all have black _____.

My neighbor is an old man. He is in a _____ mood all the time. But sometimes he gets a little _____. He doesn't like kids. He describe them as _____, _____, and _____. Kids don't like him either. They think that he is a _____, _____ and _____ guy.

Share your answers with your partner.

Game:
In your native language, read the following list of adjectives to your classmate and ask him/her to say the opposite in their target language. Read slowly and repeat just once. If your classmate guesses the opposite adjective he/she will get a point. Write the points in front of each correct word. Then switch roles and do the same exercise. Who is the winner?

Usando diferentes adjetivos completa las oraciones. Luego comparte tus respuestas con tu compañero/a.
En mi salón de clase tenemos muchas cosas. Mi escritorio que es _____. El tablero que es _____. Tenemos un/a _____ negro.

Mi vecino es un hombre anciano. Él está de _____ genio todo el tiempo. Pero a veces se pone un poco _____. A él no le gustan los niños. Los describe como _____, _____, y _____. A los niños tampoco les gusta él. Ellos piensan que él es _____, _____, y _____.

Comparte tus respuestas con tu compañero/a.

Juego:
En tu idioma nativo lee la siguiente lista de adjetivos a tu compañero y pregúntale por su opuesto en su idioma objetivo. Lee despacio y repite solo una vez. Si tu compañero de clase adivina el adjetivo opuesto él o ella ganará un punto. Escribe el punto al frente de cada palabra. Cambien de roles y hagan el mismo ejercicio. ¿Quién es el ganador?

LESSON 1: ADJECTIVES AT THE SCHOOL

1. Big	1. Grande
2. Difficult	2. Pequeño
3. Complicated	3. Facil
4. Short	4. Simple
5. Disgusting	5. Alto(persona)
6. Cold	6. Largo
7. Old/Expired	7. Rico
8. Sad	8. Rico (dinero)
9. Boring	9. Caliente
10. Skinny	10. Fresco
11. Weak	11. Divertido
12. Mean	12. Gordo
13. Happy	13. Fuerte
14. Ugly	14. Simpatico,
15. Honest	15. Enfadado
16. Cautious	16. Atractivo, guapo
17. Outgoing	17. Sincero
18. Narrow/strait	18. Aventurero
19. Healthy	19. Timido
20. Dark	20. Ancho
21. Closed	21. Claro
22. Small	22. Abierto
23. Cheerful	23. Gigante
24. Cheap	24. Deprimido
25. Foolish	25. Generoso
26. Unselfish/caring	26. Inteligente
27. Disorganized	27. Egocentrico
28. Noisy	28. Ordenado
29. Relaxed	29. Preocupado
30. Worried	30. Pasmado

LESSON 1: ADJECTIVES AT THE SCHOOL

HOMEWORK

1. Using Opposite Adjectives, describe your best friend in five sentences.
2. Write 5 sentences to describe your home.

TAREA

1. Usando Adjetivos Opuestos describe en cinco oraciones a tu mejor amigo/a.
2. Escribe 5 oraciones para describir el lugar donde vives.

Tips for life

Whenever you feel lost, just shine your beautiful inner light, and it will help you to find your way.
Anonymous

Claves para la vida

Cuando te sientas perdido deja brillar tu bella luz interior y esta te ayudar[a a encontrar tu camino.
Anónimo

LESSON 1: ADJECTIVES AT THE SCHOOL

English

Español

LESSON 1: ADJECTIVES AT THE SCHOOL

English

Español

LESSON 1: ADJECTIVES AT THE SCHOOL

English

Español

LESSON 2: FEELINGS AND EMOTIONS

LESSON 02
FEELINGS AND EMOTIONS

Lesson Objective
Learning to express feelings.

In order to express feelings you have to use the **subject**, **+ the verb to be**, plus the **feeling or emotion**.

LECCION 02
SENTIMIENTOS Y EMOCIONES

Objetivo de la lección
Aprender a expresar sentimientos.

Para expresar sentimientos tienes que usar el **sujeto**, más los **verbos sentir, ser, estar** en sus diferentes formas, más el **sentimiento o emoción**.

I	Am feeling well	Yo me	Siento bien
You	Look tired	Tu	Luces/ te ves cansado
He	Is excited	He	Está emocionado
She	Is busy	Ella	Está ocupada
We	Are happy	Nosotros	Somos/estamos felices
They	Are excited	Ellos /Ellas	Están emocionados/as
We	Are sad	Nosotros	Estamos tristes
You (all)	Are nervous	Ustedes	Están nerviosos
	Are embarrassment	Ustedes	Están apenados
I	Am sad	Yo	Estoy triste

LESSON 2: FEELINGS AND EMOTIONS

FEELINGS AND EMOTIONS

GOING OR NOT GOING TO A SOCCER GAME
USA vs MEXICO

Carlos: Let's go to watch a soccer game.
Eduardo: No I always get depressed.
Carlos: Why? It's just to have fun.

Eduardo: Nah, soccer makes me feel sad. Especially when the goalie lets the ball through.
Carlos: But I can tell that you will be happy if our team makes a goal.
Eduardo: Sure, but it will be like a roller coaster. Happiness, sadness, happiness, sadness. You know what a mean?
Carlos: Well that's life, but we can feel pride for our country if we win.

Eduardo: Right? Or embarrassed if we lose.
Carlos: Well that's true. But I don't want to feel guilty for not watching it.

Eduardo: Yeah, but I don't want to feel ashamed if we lose.
Carlos: True, but you may have regrets because of your lack of interest in your country's activities.
Eduardo: Or the humiliation because we thought we would win and we didn't.

SENTIMIENTOS Y EMOCIONES

IR O NO IR AL PARTIDO DE FUTBOL
USA vs MEXICO

Carlos: Vamos a ver un partido de fútbol.
Eduardo: No, siempre me deprimo.
Carlos: ¿Por qué? es solo para divertirnos.
Eduardo: Noo, el futbol me hace sentir triste. Especialmente cuando el arquero deja entrar el balón.
Carlos: Pero yo sé que te pondrías feliz si nuestro equipo mete un gol.
Eduardo: Seguro, pero esto sería como una montaña rusa. Felicidad, tristeza, felicidad, tristeza. Entiendes?

Carlos: Bueno, eso es la vida, pero nosotros podemos sentirnos orgullosos de nuestro país si ganamos.
Eduardo: Verdad? O vergüenza si perdemos.
Carlos: Bueno, eso es cierto. Pero yo no quiero sentirme culpable si nosotros no lo vemos.

Eduardo: Sí, pero yo no quiero sentir pena si perdemos.
Carlos: Verdad, pero te puedes lamentar por la falta de interés en las actividades de tu país.
Eduardo: La humillación porque pensamos que podíamos ganar y no lo hicimos.

LESSON 2: FEELINGS AND EMOTIONS

Carlos: I am nervous about this game. We should go.
Eduardo: I am more concerned about being losers.
Carlos: Nah, no need. We are going to win.
Eduardo: You see, now we are late. We are going to miss the game. We are going to be late. That makes me angry.
Carlos: Ok, I understand, just calm down. We will get there just in time.

Eduardo: OMG I would really love for our country to win.
Carlos: Sure, me too. I am just more realistic.
Eduardo: Realistic Or pessimistic?
Carlos: Maybe you are too optimistic.
Eduardo: Ok, let's go to the game. I want to make you happy.
Carlos: Yayyy, I am very happy. Thank you!
Eduardo: You are welcome. But after that we are going to watch one of the movies that I like.
Carlos: Oh boy… ok.

Carlos: Yo estoy nerviosa por el juego. Deberíamos ir.
Eduardo: Estoy más preocupada por el sentimiento de perdedores.
Carlos: Noo, no hay necesidad. Vamos a ganar.
Eduardo: Ves? Ahora vamos tarde. Vamos a perdernos el juego. Vamos a llegar tarde. Eso me pone molesto.

Carlos: Bueno, entiendo, sólo tranquilízate. Vamos a llegar apenas a tiempo.
Eduardo: Santo Dios, en realidad me encantaría que nuestro país ganara.
Carlos: Seguro, yo también. Yo solo soy más realista.
Eduardo: Realista o pesimista?
Carlos: Quizá tu eres muy optimista.

Eduardo: Bueno, entonces vamos al juego. Te quiero hacer feliz.
Carlos: Muy bien. Estoy muy feliz. Gracias!
Eduardo: Con mucho gusto. Pero después vamos a ir a ver una película de las que a mí me gustan.
Carlos: Oh chico… Ok.

Tips for life

Be who you are and say what you feel, because those who mind don't matter and those who matter don't mind.
Dr Seuss

Claves para la vida

Se quien tú eres y di lo que sientes, porque a los que les molesta no importan y a los que importan no les molesta.
Dr Seuss

LESSON 2: FEELINGS AND EMOTIONS

Exercise

Fill out the blanks with a corresponding pronoun and verb to describe the feelings in Spanish.

A. Yo _____ feliz
B. Ella _____ nerviosa
C. Yo estoy _____
D. Tu/usted _____
E. Me pongo _____

F. Él está _____

G. _____ estamos avergonzados
H. Ellos _____ preocupados

1. Nosotros
2. Ocupado
3. Molesto/a
4. Tiene miedo
5. Deprimido
6. Tiene
7. Orgullosa
8. Estoy/esta
9. Triste
10. Estan

Ejercicio

Completa los espacios con el verbo to be correspondiente y usa los estados de ánimo que están en inglés.

A. I ____ sad
B. You are _____
C. He is _____
D. She ____ guilty
E. We _____ feeling _____
F. They _____ nervous.
G. We are _____
H. You guys_____ _____

1. Sad
2. Happy
3. Guilty
4. Awesome
5. Concerned
6. Are
7. Am
8. Angry
9. Amazing
10. Ashame
11. Amussed
12. Is

HOMEWORK

1. Write ten sentences expressing different kinds of feelings or emotions

TAREA

1. Escribe diez oraciones expresando diferentes tipos de sentimientos o emociones

LESSON 2: FEELINGS AND EMOTIONS

English

Español

LESSON 2: FEELINGS AND EMOTIONS

English	**Español**
_____	_____
_____	_____
_____	_____
_____	_____
_____	_____
_____	_____
_____	_____
_____	_____
_____	_____
_____	_____
_____	_____
_____	_____
_____	_____
_____	_____
_____	_____
_____	_____

LESSON 2: FEELINGS AND EMOTIONS

English

Español

LESSON 3: VERBS THAT WE NEED

LESSON 03
VERBS THAT WE NEED
Present and Past

Lesson Objective
Learning to use different verbs in present and past.

Vocabulary
1. To go……………………went
2. To Come......................Came
3. To eat..........................Ate
4. To walk.......................Walked
5. To cry.........................Cried
6. To spend…................Spent
7. To see........................Saw
8. To buy........................Bought
9. To put.........................Put
10. To study.....................Studied
11. To know……….........Knew
12. To forget.....................Forgot
13. To break.....................Broke

LECCION 03
VERBOS QUE NECESITAMOS
Presente y pasado

Objetivo de la lección
Aprender a usar diferentes verbos en presente y pasado.

Vocabulario
1. Ir… fuí, fuiste, fué, fuimos, fueron
2. Venir……..vine, viniste, vino, vinimos, vinieron
3. Comer……comí, comiste, comió, comimos, comieron.
4. Caminar…. Caminé, caminaste, caminó …..caminamos, caminaron
5. Llorar…….lloré, lloraste, lloró, lloramos, lloraron
6. Gastar, ….Gasté, gastaste, gasto, gastamos, gastaron
7. Ver ………Vi, viste, vio, vimos, vieron
8. Comprar ….Compré, compraste, compró, compramos, compraron
9. Poner…..Puse, pusiste, puso, pusimos, pusieron
10. Estudiar …..estudié, estudiaste, estudió, estudiamos, estudiaron
11. Saber….supe, supiste, supo, supimos, supieron
12. Olvidar…… Olvidé, olvidaste, olvidó, olvidamos, olvidaron
13. Romper …..Rompí, rompiste, rompió, rompimos,

LESSON 3: VERBS THAT WE NEED

14. To choose.................Chose

15. To be....................Was/were

16. To do ………………. Did

17. To have……………….Had

18. To read……………….Read

19. To say ……………….Said

20. Can…………………Could

21. To talk ……………….Talked

22. To think ……..……..Thought

23. To drink ……………..Drank

---

14. Escoger……escogí, escogiste, escogió, escogimos, escogieron
15. Ser/Estar……(ser) fui, fue, fuiste, fuimos, fueron. (Estar) estuve, estuviste, estuvo, estuvieron,
16. [Hacer](#)…..hice, hiciste, hizo, hicimos, hicieron
17. Tener…...tuve , tuviste, tuvo, tuvimos tuvieron
18. Leer …….leí, leíste, leyó, leímos, leyeron
19. Decir …... dije, dijiste, dijo, dijimos, dijeron
20. Poder…... pude, pudiste, pudo, pudimos, pudieron
21. Hablar ….. hablé, hablaste, habló, hablamos, hablaron
22. Pensar ….pensé, pensaste, pensó, pensamos, pensaron
23. Beber…. bebí, bebiste, bebió, bebimos, bebieron

LESSON 3: VERBS THAT WE NEED

VERBS THAT WE NEED

1. Last weekend I went to the Zoo with my Mom. It was amazing. We spent the whole day there.

2. There were so many interesting animals. I don´t really like zoos, but this one is amazing. They seemed to like the animals and take good care of them. The animals looked ok, some even looked happy. Like the hippopotamus. One of them was taking a bath.

3. I like the koalas. They were sleeping. I think that I am like those koalas, because I really like to eat and sleep.

4. I was thirsty, so my mom bought me a bottle of water. I started crying because I wanted a soda. But my Mom wanted me to drink water. I don´t understand why I have to drink what my mom wants, and not what I want.

VERBOS QUE NECESITAMOS

1. El pasado fin de semana (yo) fui al zoológico con mi mamá. Fue increíble. (Nosotros) gastamos el día entero allí.

2. Ahí había muchos animales interesantes. No me gustan mucho los zoológicos, pero este es espectacular. A ellos parece que le gustan los animales y los cuidan muy bien. Los animales se ven bien. Como los hipopótamos. Uno de ellos estaba tomando un baño.

3. Me gustan los koalas. (ellos) Estaban durmiendo. Yo creo que soy como los koalas porque realmente me gusta comer y dormir.

4. Yo tenía sed, entonces mi mamá me compro una botella de agua. Yo empecé a llorar pues yo quería una soda. Pero mi mamá quería que yo tomara agua. Yo no entiendo porque yo tengo que tomar lo que mi mamá quiere, no lo que yo

LESSON 3: VERBS THAT WE NEED

5. Anyway, I drank the water, and I put the bottle at the edge of the rock wall next to the monkeys. And guess what, the monkey took my bottle. I wanted to know if they were going to drink the water. But they took the bottle and threw it to one another. I was disappointed. Then I read that I shouldn't leave bottles or food close to the animals and I felt embarrassed. Next time I have to read the signs or I will get in trouble.

6. I don't really like bats. They scare me a little bit. But yesterday I learned that they are the only mammals that can fly. Can you believe it? I learned that they eat little insects and fruit. Not that they drink human blood like the movies will tell you.

7. I saw Zebras too. I think they are very elegant. I tried to imitate them. I walked like a Zebra. My Mom laughed. We both laughed.

5. De todas maneras yo tomé agua y puse la botella en el borde del muro de rocas cerca de los monos. Y adivinen qué, los monos tomaron mi botella. Yo quería saber si ellos iban a tomarse el agua. Pero ellos tomaron la botella y se la tiraron uno al otro. (yo) Estaba decepcionado. Entonces (yo) leí que yo no debía dejar botellas o comida cerca de los animales y me sentí avergonzado. La próxima vez tengo que leer los letreros o me meteré en problemas.

6. A mí no me gustan mucho los murciélagos. Estos me asustan un poquito. Pero ayer aprendí que ellos son los únicos mamíferos que pueden volar. ¿Puedes (tu) creerlo? Aprendí que ellos comen pequeños insectos y frutas. Y que ellos no toman sangre humana como dicen las películas.

7. También vi cebras. Yo creo que ellas son muy elegantes. Yo traté de imitarlas. Yo caminé como una cebra. Mi mamá se rió. Los dos nos reímos.

LESSON 3: VERBS THAT WE NEED

8. We walked for hours. I cried because I saw a rhinoceros lying on the floor and there were people around him. Vets and other medical people. They were saying that the rhinoceros was going to die. They were concerned and trying to do their best to save him. The vet told us that a rhinoceros can live from 50 to 60 years and this one is 65. I still didn't want him to die.

9. After a long day we went back home. I talked for hours with my mom about this great experience. I think I fell asleep while talking because the next thing that I remembered was that it was Monday morning and I had to get ready to go to school. Yayyy. It's the first day of school. It is going to be amazing. I will tell all my friends about the zoo.

8. (Nosotros) Caminamos por horas. Yo lloré porque ví a un rinoceronte acostado en el piso y allí había gente alrededor de él. Veterinarios y otros médicos. Ellos estaban diciendo que el rinoceronte iba a morir. Ellos estaban preocupados y tratando de hacer lo mejor para salvarlo. El veterinario nos dijo que los rinocerontes pueden vivir de 50 a 60 años y este tiene 65. De todas maneras (yo) no quiero que muera.

9. Después de un largo día regresamos a casa. Yo hablé por horas con mi mamá acerca de esta gran experiencia. Yo creo que me quedé dormida mientras hablaba porque la siguiente cosa que recuerdo fue que era lunes en la mañana y (yo) tenía que alistarme para ir a la escuela. Súuuper. Es el primer día de escuela. Va a ser espectacular. (Yo) les diré a todos mis amigos acerca del zoológico.

Tips for life

Tell me and I forget. Teach me and I remember. Involve me and I learn.
Benjamin Franklin

Claves para la vida

Dime y lo olvidaré. Enséñame y recordaré.
Inclúyeme y aprenderé.
Benjamin Franklin

LESSON 3: VERBS THAT WE NEED

WORKING TOGETHER

Make a sentence in present and past using the different subjects (I, you, he, she, it, they…) and the following verbs:

1. Go:
2. Come:
3. Eat:
4. Cry:
5. See:
6. Buy:
7. Forget:
8. Do:
9. Were:
10. Was:

TRABAJANDO JUNTOS

Escriba una oración en presente y pasado usando los diferentes sujetos (yo, tu, él/ella, nosotros, ellos) y los siguientes verbos:

1. Ir:
2. Venir:
3. Comer:
4. Llorar:
5. Ver:
6. Comprar:
7. Olvidar:
8. Hacer:
9. Pensar:
10. Reír:

HOMEWORK
Write a short (5 lines minimum) story about your last trip to the zoo, amusement park, museum, etc.

TAREA
Escribe una corta historia (mínimo 5 líneas) sobre tu último viaje al zoológico, parque de diversiones, museo etc

LESSON 3: VERBS THAT WE NEED

English	Español

LESSON 3: VERBS THAT WE NEED

English

Español

LESSON 3: VERBS THAT WE NEED

English	Español

LESSON 4: DOCTOR'S OFFICE VISIT

LESSON 04
DOCTOR´S OFFICE VISIT

Lesson Objective
To ask and answer questions that would happen in a doctor´s office. Using the verb "have".

Vocabulary
1. Head, headache
2. Tooth, toothache
3. Hand, wrist, elbow, arm, shoulder
4. Foot, ankle, knee, leg
5. Stomach, chest, back
6. Hurt
7. Feel well
8. Sick
9. Sore
10. Fever, cold, flu
11. Throat

LECCION 04
CITA MEDICA

Objetivo de la lección
Hacer y responder a preguntas en la visita al médico.
Usar el verbo "tener".

Vocabulario
1. Cabeza, dolor de cabeza
2. Muela, dolor de la muela
3. La mano, la muñeca, el codo, el brazo
4. El pie, el tobillo, la rodilla, la pierna
5. Estómago, pecho, espalda
6. Dolor
7. Sentirse bien
8. Enfermo
9. Doloroso
10. La fiebre, el resfrío, el gripe
11. La garganta

LESSON 4: DOCTOR'S OFFICE VISIT

Conversation
In a doctor´s office

Doctor: Hi, how are you doing today?
Patient: I´m not feeling well.
Doctor: What´s wrong?
Patient: I think <u>I have</u> the flu.
Doctor: Do <u>you have</u> a fever? Does your head hurt?
Patient: Yes, <u>I have</u> a temperature and my head hurts.

Other situations
1. I have a stomach ache.
2. My arm hurts.
3. My throat is sore.
4. _____
5. _____

Conversación
En el consultorio médico

Doctor: Hola, ¿cómo estás hoy?
Paciente: No me siento muy bien.
Doctor ¿Qué <u>tienes</u>? /¿Qué te pasa?
Paciente: Creo que <u>tengo</u> gripe.
Doctor: <u>¿Tienes</u> fiebre? ¿Te duele la cabeza?
Paciente: Sí, <u>tengo</u> fiebre y me duele la cabeza.

Otras situaciones
1. Tengo dolor del estomago
2. Me duele el brazo
3. Me arde la garganta
4. _____
5. _____

Using the picture complete the following sentences:

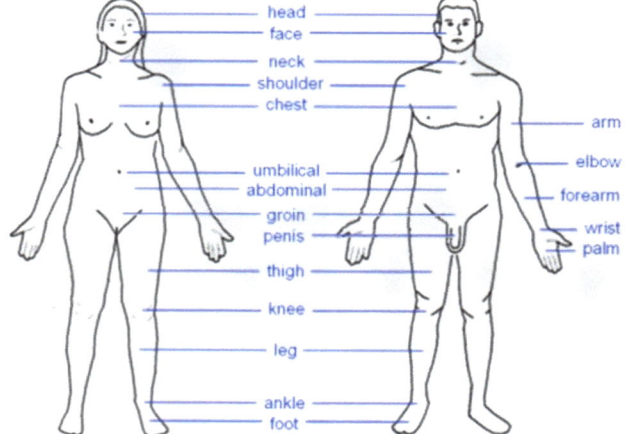

Usa la imagen para completar las siguientes oraciones:

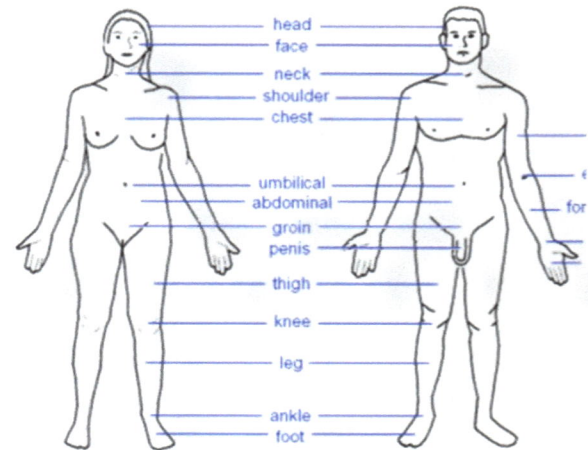

LESSON 4: DOCTOR'S OFFICE VISIT

- I have _____
- She has _____
- They have_____
- We have_____
- He has_____
- My _____ hurts
- My _____ hurts
- His _____ hurts
- Her _____ hurts
- Do you have _____?

- (yo) Tengo _____
- Ella tiene _____
- Ellos tienen _____
- Nosotros tenemos _____
- Él tiene _____
- Mi _____ duele. Me duele el/la _____.
- Mi _____duele. Me duele el/la_____.
- Su(de él) _____ duele. Le duele el/la _____.
- Su(de ella) _____ duele. Le duele el/la _____.
- ¿Tienes dolor de _____?

🏳 Stop! What are we talking about?
With your partner, pretend that you are at the doctor´s office because you do not feel well. You are not able to speak, so you´ll have to act out what´s wrong. Your partner should ask you yes or no questions to find out what´s wrong. Use uncommon parts of the body. The one who guesses and answers the most questions correctly will be the winner, and his/her partner will bring them a treat (candy) next class.

🏳 !Pare! ¿De qué estamos hablando?
Con tu compañero, imaginen que están en el consultorio del médico porque tú no te sientes bien. No puedes hablar así que tendrás que expresar con movimientos qué es lo que tienes. Tu compañero te debe hacer preguntas de respuestas cerradas (sí o no) para saber cuál es el problema. Usen partes del cuerpo no comunes. Quien adivine y responda la mayor cantidad de preguntas será el ganador y su compañero le traerá una sorpresa (un dulce) la próxima clase.

LESSON 4: DOCTOR'S OFFICE VISIT

_____
_____
_____
_____
_____

_____
_____
_____
_____
_____

Tips for life
Put your heart, mind, and soul into even your smallest acts. This is the secret of success. Swami Sivananda

Claves para la vida
Pon tu corazón, mente, y alma en tus pequeños actos. Éste es el secreto de éxito.
Swama Sivananda

Were you able to communicate what was wrong?
Complete the sentences:
1. I _____ a cold.
2. He _____ a sore throat.
3. My daughter _____ the flu.
4. Do you _____ a headache?
5. My husband _____ a toothache.

¿Lograron comunicarse acerca de lo que tienes?
Completa las oraciones:
1. Yo _____ un resfrío.
2. Él_____ dolor de la garganta.
3. Mi hija _____ gripe.
4. ¿_____ dolor de cabeza?
5. Mi esposo _____ tiene dolor de la muela.

LESSON 4: DOCTOR'S OFFICE VISIT

Recall your last visit to the doctor. Ask your partner for different ways to describe the reason for your visit to the doctor. Write it down.

_____
_____
_____
_____

🏳 Stop! What have I learned today?
Make a list of at least 5 things that you have learned today.
1._____
2._____
3._____
4._____
5._____

Recuerda tu última visita al médico. Pregúntale a tu compañero distintas maneras de describir la razón de tu visita al médico. Escríbelas.

_____
_____
_____
_____

🏳 !Pare! ¿Qué aprendí hoy?
Has una lista de por lo menos 5 aprendizajes de hoy.
1._____
2._____
3._____
4._____
5._____

HOMEWORK

1. Be ready for your next appointment with a Latino doctor. Write at least three sentences explaining your problem.
2. What kind of questions do you think the doctor is going to ask you? Write down at least three questions and the answers.

TAREA

1. Prepara tu siguiente visita al médico. Escribe al menos tres oraciones describiendo tu problema.
2. ¿Qué preguntas crees que el doctor te va a hacer? Escribe por lo menos tres y respóndelas.

LESSON 4: DOCTOR'S OFFICE VISIT

English

Español

LESSON 4: DOCTOR'S OFFICE VISIT

English

Español

LESSON 4: DOCTOR'S OFFICE VISIT

English	Español

LESSON 5: MORE VERBS

LESSON 05
MORE VERBS
DO - MAKE

Lesson Objective
Learning to use the verbs **to do** and **to make**

Vocabulary
In English use Do to talk about actions, obligations and repetitive tasks.
Use make for creating, producing or tasks you choose to do.
In Spanish we don't have that differentiation. We use 'Hacer" or the verb itself.

LECCION 05
MAS VERBOS
HACER

Objetivo de la lección
Aprender a usar en verbo **hacer y otros verbos**.

Vocabulario
En inglés use "Do" para hablar de acciones, obligaciones y tareas repetitivas.
Use "Make" para creaciones, producir algo o hacer alguna tareas.
En español no tenemos esa diferenciación de verbos. Usamos "hacer" o el verbo en sí mismo.

DO	MAKE	HACER	HACER
HOUSEWORK	**PREPARING FOOD**	**TAREAS DOMESTICAS**	**PREPARAR COMIDA**
Do the housework	Make breakfast	Hacer las tareas domesticas	Hacer el desayuno
Do the dishes	Make lunch	**Lavar los platos**	Hacer el almuerzo
Do the laundry	Make dinner	**Lavar la ropa**	Hacer la cena
Do the shopping	Make a sandwich	Hacer las compras	Hacer un sándwich
	Make a cup of tea/coffee		Hacer/preparar una taza de café, te
EXCEPTION: **make the bed.**	Make a reservation		Hacer una reservación

LESSON 5: MORE VERBS

WORK AND STUDY	MONEY	TRABAJO Y ESTUDIO	DINERO
Do work Do business Do a good job/great terrible job. Do a report **EXCEPTIONS:** **Take a course** **Take the test.**	Make money Make a profit Make a fortune Make $___	Trabajar, hacer un trabajo. Hacer negocios Hacer un buen/excelente/terrible trabajo Hacer un reporte Tomar una clase Tomar un Exámen	**Ganar dinero** **Obtener ganancias** Hacer una fortuna Ganar $_____
TAKING CARE OF YOUR BODY Do exercise Do your hair Do your nails **EXCEPTION:** **Take a shower**	RELATIONSHIPS Make friends Make love Make a pass at (flirt) Make fun of someone Make up (Resolve a problem)	**CUIDADO PERSONAL** Hacer ejercicio Hacerse las uñas Hacerse el cabello **Tomar un baño**	RELACIONES PERSONALES Hacer amigos Hacer el amor **Coquetear** **Burlarse de alguien** **Solucionar (Resolver un problema)**

LESSON 5: MORE VERBS

GENERAL ACTIONS	COMMUNICATIONS	ACCIONES GENERALES	COMUNICACIONES
Do anything Do something Do everything Do nothing Do well Do badly Do good Do the right thing Do your best	Make a phone call Make a joke Make a point Make a bet Make a complaint Make a confession Make a speech Make a prediction Make an excuse Make a promise Make a fuss **EXCEPTIONS:** Have a conversation Ask questions	Hacer cualquier cosa Hacer algo Hacer todo Hacer nada Hacerlo bien Hacerlo mal Haz el bien Hacer lo correcto Hacer tu mejor esfuerzo	Hacer una llamada telefónica Hacer una broma Decir algo importante Hacer una apuesta Hacer una queja Hacer una confesión Hacer un discurso Hacer una predicción **Tener una excusa** Hacer una promesa Hacer un escándalo **Tener una conversación** hacer preguntas
	PLANS AND PROGRESS Make plans Make a decision/choice Make a mistake Make an attempt Make up your mind (Decide) Make a discovery Make a list Make sure (confirm) Make a difference Make an exception		**PLANES Y PROGRESO** Hacer planes Tomar una decisión **Cometer un error** Hacer un intento **Aclarar su mente (Decidir)** Hacer un descubrimiento Hacer una lista **Asegúrarse (confirmar)** Hacer la diferencia Hacer una excepción

LESSON 5: MORE VERBS

MORE VERBS
To do, To make

There are so many interesting jobs that nobody knows about. So, I want to do an experiment. I want to know if you know about these jobs:

Electro shock givers. They give electro shocks to people who pay for them. (Mexico).
They make some people laugh, but they make others cry.

People-onto-train Pushers: what they do is push people, literally. They make people fit into the trains in Japan. They do nothing but fit you into the train. They will definitely make room for you.

Professional Snuggler: Japan also has cuddle cafés, where, for around a dollar an hour, you can snuggle or sleep next to a real live woman. They do business by making you fall asleep and taking care of you. They do a good job.

Cuida Carros (Car Watchers): These dudes watch your car and make sure nobody steals it while you're gone. If somebody approaches your car they will make a lot of noise.

MAS VERBOS
Hacer

Hay muchos trabajos interesantes de los que nadie sabe. Entonces, quiero hacer un experimento. Quiero saber si conoces estos trabajos.

Dadores de choques eléctricos. Le dan choques eléctricos a la gente que paga por estos. (México).
Ellos hacen a algunas personas reír pero hacen a otros llorar.

Empacadores de gente en el tren: lo que hacen, literalmente es empacar a la gente. Hacen que la gente quepa en los trenes en Japón. Lo que hacen es empacarlo en el tren. Ellos definitivamente hacen espacio para usted.

Apapachadores profesionales: Japón también tiene cafeterías de apapachos, donde, por alrededor de un dólar por hora, puede acurrucarse o dormir junto a una mujer de carne y hueso. Hacen negocio arrullándolo y cuidando de usted. (Ellos) Hacen un buen trabajo.

Cuida carros: Estos chavos miran su coche y se aseguran de que nadie lo robe mientras no estás. Si alguien se acerca a su coche ellos hacen mucho ruido.

LESSON 5: MORE VERBS

Professional Ear Cleaners. (India)
Professional ear cleaning is an art -- and one that's been passed down for generations. Basically, these guys work the streets of India, cleaning people's ears with a cotton covered needle and a pair of pinchers. They do clean your ears. They have years of experience so they do not harm your health.

Limpiadores profesionales de oído: (India)
La limpieza de oídos profesional es un arte - y uno que se ha transmitido por generaciones. Básicamente, estos chicos trabajan en las calles de la India, limpiando los oídos de la gente con una aguja cubierta de algodón y un par de pinzas. Ellos realmente limpian sus oídos. (Ellos) Tienen años de experiencia entonces no van a perjudicar su salud.

Tips for life
Your dream job does not exist. You must create it.
Anonymous

Claves para la vida
Tu trabajo soñado no existe. Tienes que crearlo.
Anónimo

LESSON 5: MORE VERBS

WORKING TOGETHER

1. Write do/does or make and the name of the profession.
2. They _____ people laugh or cry. _____
3. What they _____ is push people. _____.
4. They _____ business by making you fall asleep. _____.
5. They _____ sure nobody steals your car.

Do or make?

_____ money	_____ a profit
_____ work	_____ the dishes
_____ business	_____ the laundry
_____ a fortune	_____ love
_____ friends	_____ anything
_____ something	_____ a phone call
_____ nothing	
_____ a joke	_____ everything
_____ a decision	_____ plans

TRABAJANDO JUNTOS

1. Escribe la conjugación de hacer o el verbo y la profesión.
2. Ellos _____ a la gente reír o llorar: _____.
3. Lo que ellos _____ es empujar gente. _____.
4. Ellos _____ negocio arrullándolo. _____.
5. Ellos _____ de que nadie robe tu carro.

Hacer u otro verbo?

_____ algo	_____ planes
_____ todo	_____ un error
_____ nada	
_____ mal	_____ su mente
_____ preguntas.	_____ una excusa
_____ una lista.	_____ una promesa
	_____ un escándalo.

HOMEWORK

Write ten sentences using do and make. Next class share them with your partner.

TAREA

Escribe diez oraciones usando el verbo hacer. Compártelas en la próxima clase con tu compañero/a.

LESSON 5: MORE VERBS

English

Español

LESSON 5: MORE VERBS

English

Español

LESSON 5: MORE VERBS

English

Español

LESSON 6: SPECIAL VERBS

LESSON 06

SPECIAL VERBS: "I HAVE TO", "I WANT TO", "I AM GOING TO" "I NEED TO"

Lesson Objective

Learning about the difference between: I have to, I want to, I am going to.

LESSON 06

VERBOS ESPECIALES: "TENGO QUE", "QUIERO", "VOY A (IR)" "NECESITO"

Objetivo de la lección

Aprender la diferencia entre: tengo que, quiero, voy a.

Tips for life

"Happiness can only be achieved by looking inward & learning to enjoy whatever life has and this requires transforming greed into gratitude."
—John Chrysostom

Claves para la vida

"La felicidad solo puede lograrse al mirar hacia adentro y aprender a disfrutar de lo que la vida tiene y esto requiere la transformación de la codicia en gratitud."
Juan Crisóstomo

LESSON 6: SPECIAL VERBS

SPECIAL VERBS: "I HAVE TO", "I WANT TO", "I AM GOING TO" "I NEED TO"

1. **"I HAVE TO"**
2. The use of **"I Have to"** expresses obligation, things we have no option about doing:
3. **I have to + verb**
4. (I have to, you have to, he/she has to, they have to, we have to, it has to) + verb.
5. **Check out the following sentences:**
6. **I have to** buy flowers for my mother in law:
7. (it´s not my decision, my husband asked me to do it)
8. **He has to** call the travel agency.
9. (His boss asked him to book a flight)
10. **She has to** take an English test.
11. (She is getting a new job)
12. **I have to** go to the library
13. (I have homework to do)
14. **I have to** do my homework
15. (My teacher asked me to)
16. **I have to** go to the bathroom

VERBOS ESPECIALES: "TENGO QUE", "QUIERO", "VOY A(IR)" "NECESITO"

1. **"TENGO QUE"**
2. Es usado para expresar obligación o necesidad. Cosas que no hay otra opción sino hacerlas.
3. **Tener que + verbo**
4. (Yo tengo que, tú tienes que, él tiene que, ella, tiene que, nosotros tenemos que, ellos tienen que, ustedes tienen que, esto tiene que) + verbo
5. **Revisa las siguientes oraciones:**
6. **(yo)Tengo que** comprar flores para mi suegra.
7. (no es mi decisión, mi esposo me pidió que lo hiciera)
8. **Él tiene que** llamar a la agencia de viajes.
9. (Su jefe le pidió que le reservara un vuelo)
10. **Ella tiene que** tomar el examen de inglés.
11. (ella va a tomar un nuevo trabajo)
12. **Tengo que** ir a la librería
13. (tengo tarea para hacer)
14. **Tengo que** hacer mi tarea.
15. (Mi profesora me la pidió)
16. **Tengo que** ir al baño.

LESSON 6: SPECIAL VERBS

18.	**She has to** make her bed		18.	**Ella tiene que** hacer su cama.
19.	**I have to** stop on red (traffic light)		19.	**Tengo que** parar en rojo (semáforo).
20.	**I have to** eat every day		20.	**Tengo que** comer cada día.
21.	**Negative:**		21.	**Negativo:**
22.	I don´t have to buy flowers.		22.	**No tengo que** comprar flores.
23.	**She/ he doesn´t have to** call the travel agency		23.	Ella/él no tiene que llamar a la agencia de viajes
24.	**He she/ doesn´t have to** get married.		24.	**Ella/él no tiene que** casarse.
25.	**They don´t have to** buy flowers		25.	**Ellos no tienen que** comprar flores.
26.	**"I WANT TO"**		26.	**"QUIERO"**
27.	**"I want to"** is used to express a desire:		27.	**Quiero** se usa para expresar el deseo de o por algo.
28.	I want to + verb		28.	Quiero + verbo.
29.	(I want to, you want to, he wants to, she wants to, it wants to, we want to, they want to)		29.	(Yo quiero, tu quieres, él quiere, ella quiere, ellos quieren, nosotros queremos, ustedes quieren)
30.	**I want to** go to the movies		30.	**Quiero** ir al cine.
31.	**She wants to** visit **her** friends		31.	**Ella quiere** visitar a sus amigos
32.	**He wants to** exercise more		32.	**Él quiere** hacer más ejercicio.
33.	**They want to** quit smoking		33.	**Ellos quieren** dejar de fumar.
34.	**I want to** save money		34.	**Quiero** ahorrar dinero.
35.	**He wants to** go to Cancun		35.	**Él quiere** ir a Cancún.
36.	**She wants to** start a diet		36.	**Ella quiere** empezar una dieta.
37.	**They want to** quit **their** jobs		37.	**Ellos quieren** dejar sus trabajos.
38.	**I want to** eat healthier		38.	**Yo quiero** comer más sano.
39.	**They want to** go to Paris		39.	**Ellos quieren** ir a Paris.
40.	**Negative**		40.	**Negativo**
41.	I don´t want to exercise more		41.	**Yo no quiero** hacer más ejercicio.

LESSON 6: SPECIAL VERBS

42.	**I don´t want to** quit smoking		42.	**Yo no quiero** dejar de fumar.
43.	**They don´t want to** travel		43.	**Ellos no** quieren viajar.
44.	**She doesn´t want to** do a diet.		44.	**Ella no** quiere hacer dieta.
45.	**He doesn´t want to** eat soup		45.	**Él no quiere** comer sopa.
46.	**"I AM GOING TO"**		46.	**"VOY A(IR)"**
47.	Is an expression to manifest that you are ready to do something.		47.	Es una expresión para manifestar que estás listo para hacer algo.
48.	I am going to + verb		48.	Sujeto + voy a + verbo
49.	(I am going to, you are going to, he is going to, she is going to, they are going to, we are going to)		49.	(Yo voy a, tú vas a, él va a, ella va a, nosotros vamos a, ellos van a, ellas van a, ustedes van a)
50.	**I am going to** go to bed		50.	**Me voy a** la cama.
51.	**He is going to** take a shower		51.	**Él va a** tomar un baño
52.	**She is going to** have lunch		52.	**Ella va a** almorzar.
53.	**They are going to** visit their parents		53.	**Ellos van a** visitar a sus padres.
54.	**It is going to** rain		54.	**Va a** llover.
55.	**I am going to** make dinner		55.	**Voy a** hacer la cena.
56.	**He is going to** pay the rent		56.	**Él va a** pagar la renta.
57.	**She is going to** do her homework		57.	**Ella va a** hacer su tarea.
58.	**Negative**		58.	**Negativo:**
59.	I am not going to go to bed		59.	No me voy a la cama.
60.	He is not going to go on the trip		60.	Él no se va de viaje.
61.	She is not going to do her chores		61.	Ella no va a hacer sus tareas.
62.	**"I NEED TO"**		62.	**"NECESITO"**
63.	**I need to + Verb**		63.	**Necesito + verbo**

LESSON 6: SPECIAL VERBS

64. We use the words **"Need to"** when we want to talk about things that are necessary to do in order to achieve a certain goal.
65. (I need to, you need to, he needs to, she needs to, they need to, we need to, it needs to)
66. **I need to** sleep. I have a long day tomorrow.
67. **I need to** go shopping. I have nothing to wear.
68. **I need to** exercise. I am running a marathon next year.
69. **She needs to** study. She has a test tomorrow.
70. **He needs to** wake up. He is driving.
71. **They need to** pay their bills.
72. **You need to** eat more. You are so skinny
73. **It needs to** change in order to improve.
74. **Negative**
75. **I don't need to** sleep
76. **She doesn't need to** study
77. **He doesn't need to** eat.
78. **We don't** need potatoes

64. **Usamos la palabra "necesito" cuando queremos hablar acerca de cosas que se requiere hacer para lograr un objetivo.**
65. **(Yo necesito, tú necesitas, él necesita, ella necesita, ellos necesitan, ellas necesitan, nosotros necesitamos, ustedes necesitan)..**
66. **(Yo) necesito dormir. Tengo un día largo mañana.**
67. **(Yo) necesito ir de compras, no tengo que ponerme..**
68. **Necesito hacer ejercicio, voy a correr una maratón el próximo año.**
69. **Ella necesita estudiar, tiene un examen mañana.**
70. **Él necesita despertarse, está manejando.**
71. **Ellos necesitan pagar sus cuentas.**
72. **(Tú) necesitas comer más, estás muy delgado.**
73. **Esto necesita cambiar para mejorar**
74. **Negativo**
75. **Yo no necesito dormir.**
76. **Ella no necesita estudiar.**
77. **Él no necesita comer.**
78. **No necesitamos papas.**

LESSON 6: SPECIAL VERBS

	WORKING TOGETHER		**TRABAJANDO JUNTOS**
80.	Please complete the following sentences using the correct words. Then compare your answers with your partner:	80.	Por favor complete las siguientes oraciones usando las palabras correctas. Después compare las respuestas con su compañero.
81.	I am overweight. I think I _____ a diet.	81.	Tengo sobrepeso. Creo que _____ una dieta.
82.	My doctor told me that I have diabetes, so I _____ stop eating carbs and sugar.	82.	El doctor me dijo que tengo diabetes entonces, _____ parar de comer carbohidratos y azúcar.
83.	I am at a red light (traffic light) and I _____ stop.	83.	Estoy frente a la luz roja (semáforo) y _____ parar.
84.	She is working a lot. She _____ take a vacation.	84.	Ella está trabajando mucho. Ella _____ tomar vacaciones.
85.	He has a lot of homework, so he _____ bed early.	85.	Él tiene mucha tarea, entonces _____ a la cama temprano.
86.	It is my birthday. I_____ have a party.	86.	Es mi cumpleaños _____ tener una fiesta.
87.	I am making a cake, I _____ buy all the ingredients.	87.	Estoy preparando un pastel, _____ comprar todos los

LESSON 6: SPECIAL VERBS

88. **Write down the best match to the sentence: I need to.., I want to.., I have to, I am going to.**
89. _____ be a lawyer.
90. _____ to take a vacation
91. _____ to buy new tires for my car
92. _____ to pay too many bills.
93. _____ to go swimming
94. _____ to buy groceries.
95. _____ to attend school.
96. _____ to polish my shoes.
97. _____ to watch a movie.
98. _____ to pay my taxes.
99. _____ to mow the grass.
100. _____ to play basketball.
101. _____ to learn English.

88. **Escribe el verbo que mejor se acomode a la oración: necesito, yo quiero, yo tengo que, voy a.**
89. _____ ser un abogado.
90. _____ tomar unas vacaciones.
91. _____ comprar llantas nuevas para mi carro.
92. _____ pagar muchas cuentas.
93. _____ ir a nadar.
94. _____ comprar víveres.
95. _____ ir a la escuela.
96. _____ limpiar mis zapatos.
97. _____ ver una película.
98. _____ pagar mis impuestos.
99. _____ cortar el césped.
100. _____ jugar basquetbol.
101. _____ aprender español.

HOMEWORK

Write a list (2 sentences per verb) of your normal chores using "I have to", "I want to", "I am going to", "I need to":
example
I have to do my homework

TAREA

Escribe una lista (2 oraciones por verbo) de tus tareas normales usando "tengo que", "quiero", "voy a", 'Necesito". Por ejemplo
Tengo que hacer mi tarea.
Quiero comer pastel

LESSON 6: SPECIAL VERBS

English

Español

LESSON 6: SPECIAL VERBS

English

Español

LESSON 6: SPECIAL VERBS

English

Español

LESSON 7: FREQUENCY ADVERBS

LESSON 07
FRECUENCY ADVERBS

Lesson Objective
Learning to use frequency adverbs

Vocabulary
1. Always
2. Constantly
3. Nearly
4. Almost
5. Usually
6. Generally
7. Normally
8. Regularly
9. Often
10. Frequently
11. Sometimes
12. Periodically
13. Occasionally
14. Now and then
15. Once in a while
16. Rarely
17. Seldom

LECCION 07
ADVERBIOS DE FRECUENCIA

Objetivo de la lección
Aprender a usar adverbios de frecuencia.

Vocabulario
1. Siempre
2. Constantemente
3. Casi
4. Casi
5. Normalmente
6. En general
7. Normalmente
8. Regularmente
9. A menudo
10. Frecuentemente
11. A veces
12. Periódicamente
13. De vez en cuando
14. De vez en cuando
15. De vez en cuando
16. Raramente, de vez en cuando
17. Muy pocas veces

Tips for life
3 things you cannot recover in life: the word after is said, the moment after its missed, and the time after its gone.
Anonymous

Claves para la vida
Hay tres cosas que no se pueden recuperar en la vida: la palabra después de que se dice, el momento después de que se pierde y el tiempo cuando se ha ido.

LESSON 7: FREQUENCY ADVERBS

FRECUENCY ADVERBS

Adverbs of frequency tell us how often something is done.

1. I **always** make a mess when cooking
2. I **usually** take a shower at night
3. She **frequently** makes room for dessert
4. I **often** make fun of myself
5. **Sometimes** I can't help showing emotions
6. They **occasionally** make a breakthrough at the lab.
7. He **Rarely** makes a mistake
8. Raul **seldom** makes a complain
9. Carla **hardly ever** makes new friends
10. I will **never** make fool of my friends
11. I will **annually** make a vacation trip
12. Get a **yearly** seasonal flu shot.
13. I make arrangements to visit my family **annually**
14. I pay my credit card bill **monthly**
15. I attend my conversation class **weekly**

ADVERBIOS DE FRECUENCIA

Los adverbios de frecuencia nos dicen que tan seguido se hace algo.

1. **Siempre** hago desorden cuando cocino
2. Yo **normalmente** tomo una ducha en la noche
3. Ella **frecuentemente** hace espacio para el postre
4. **A menudo** me rio de mi mismo
5. **A veces** no puedo evitar mostrar emociones
6. Ellas **ocasionalmente** hacen un descubrimiento en el laboratorio.
7. Él **raramente** se equivoca.
8. Raúl **muy pocas veces** se queja
9. Carla **casi nunca** hace nuevos amigos
10. Yo **nunca** ridiculizaré a mis amigos
11. Yo haré un viaje de vacaciones **anualmente**
12. Reciba la vacuna contra la gripe **anualmente**
13. Yo hago los preparativos para visitar a mi familia **anualmente**
14. Yo pago mi tarjeta de crédito **mensualmente**.
15. Yo voy a mi clase de conversación **semanalmente**

LESSON 7: FREQUENCY ADVERBS

16. I exercise **daily**
17. I check my e-mail **hourly**
18. I study English/Spanish about two hours **every day**
19. Have you **ever** read any Chinese poems?
20. This magazine will be published **yearly**
21. I hear from my mother **every week**
22. Miami is visited by many people **every year**
23. **Normally,** we don't eat meet
24. We check our mailbox r**egularly**
25. I **constantly** get a cold

16. Yo hago ejercicio **diariamente**
17. Yo reviso mi correo **cada hora**
18. Estudio inglés/español más o menos dos horas **cada día** (al día) (todos los días)
19. ¿Has leído **alguna vez** un poema Chino?
20. Esta revista será publicada **anualmente**
21. **Cada semana** recibo noticias de mi madre
22. Miami es visitado por mucha gente **todos los años (cada año)**
23. **Normalmente**, no comemos carne
24. Nosotros revisamos nuestra buzón del correo **regularmente**
25. **Constantemente** me resfrío

WORKING TOGETHER

1. Write the translation of the following words below them.
2. Make your own sentences using the information from the following chart:

WORKING TOGETHER

1. Escribe la traducción debajo de cada palabra.
2. Construye tus propias oraciones usando la información del siguiente cuadro.

LESSON 7: FREQUENCY ADVERBS

	English Adverb		English Verb		Spanish Adverb		Spanish Verb
1.	Always	1.	Talk by phone.	1.	Siempre	1.	Hablo por teléfono
2.	Constantly	2.	Go to the gym	2.	Constantement	2.	Voy al gimnasio
3.	Nearly	3.	Cook	3.	Casi	3.	Cocino
4.	Almost	4.	Sleep well	4.	Usualmente	4.	Duermo bien
5.	Usually	5.	Go to the beach	5.	En general	5.	Voy a la playa
6.	Generally	6.	Call my family	6.	Normalmente	6.	Llamo a mi familia
7.	Normally	7.	Visit my family	7.	Regularmente	7.	Visito a mi familia
8.	Regularly	8.	Go on vacation	8.	A menudo	8.	Me voy de vacaciones
9.	Often	9.	Laugh	9.	Frecuentemente	9.	Rio
10.	Frequently	10.	Cry	10.	A veces	10.	Lloro
11.	Sometimes	11.	Read a book	11.	Periódicamente	11.	Leo un libro
12.	Periodically	12.	Take a shower	12.	Ocasionalmente	12.	Tomo un baño
13.	Occasionally	13.	Make jokes	13.	De vez en cuando	13.	Hago chistes
14.	Now and then	14.	I get sick	14.	De vez en cuando	14.	Me enfermo
15.	Once in a while	15.	Pig out				
16.	Rarely	16.	Make a cake				
17.	Seldom	17.	Do laundry				

LESSON 7: FREQUENCY ADVERBS

1. _____
2. _____
3. _____
4. _____
5. _____
6. _____
7. _____
8. _____
9. _____
10. _____

1. _____
2. _____
3. _____
4. _____
5. _____
6. _____
7. _____
8. _____
9. _____
10. _____

LESSON 7: FREQUENCY ADVERBS

HOMEWORK
1. Write 10 new sentences using your own information.

TAREA
1. Escribe 10 nuevas oraciones usando tu propia información.

LESSON 7: FREQUENCY ADVERBS

English	Español

LESSON 7: FREQUENCY ADVERBS

English

Español

LESSON 7: FREQUENCY ADVERBS

English

Español

LESSON 8: ADVERBS OF MANNER

LESSON 08
ADVERBS OF MANNER
(ENDING IN –LY)

Lesson Objective
Learning to use adverbs of manner.

Vocabulary
1. Slowly
2. Carefully
3. Normally
4. Suddenly
5. Extremely
6. Incredibly
7. Regrettably
8. Amazingly
9. Awfully
10. Quickly
11. Exceptionally
12. Badly
13. Loudly
14. Fiercely

LECCION 08
ADVERBIOS DE FORMA
(TERMINAN EN –MENTE)

Objetivo de la lección
Aprender a usar adverbios de forma (modo o manera).

Vocabulario
1. Lentamente
2. Cuidadosamente
3. Normalmente
4. Súbitamente
5. Extremadamente
6. Increíblemente
7. Lamentablemente
8. Extraordinariamente
9. Terriblemente
10. Rápidamente
11. Excepcionalmente
12. Gravemente
13. Fuertemente
14. Ferozmente

LESSON 8: ADVERBS OF MANNER

ADVERBS OF MANNER (ENDING IN –LY)

Adverbs are the words that modify verbs, adjectives or other adverbs. In English they usually end in –ly. In Spanish instead of **–ly** we add –*mente.* If a word finishes in -ful or -al, you have to add –lly.

Read the following story:
They were walking **slowly** when **suddenly** they saw a bear. They were **horribly** scared. They **immediately** thought that bears are **extremely** aggressive. Then they noticed that the bear was **awfully** injured. Even though the bear looked **aggressively** dangerous, they started to walk **slowly** and **calmly** towards the phone. They got to the phone and **rapidly** called Animal Control. Animal Control got to their house **amazingly** fast and controlled the situation. They **immediately** took the bear to the animal hospital. They told us that he was **badly** injured and he had a low chance of survival, but **surprisingly** he did. They cured the bear. We were **extremely** happy with the news.

ADVERBIOS DE FORMA (TERMINAN EN –MENTE)

Los adverbios son palabras que modifican los verbos, adjetivos y otros adverbios. En ingles estos usualmente terminan en **–ly.** En español en lugar de –ly agregamos **mente.** Igual si la palabra termina en **–ful**, o **–al** tiene que agregar **-mente**.

Lea la siguiente historia:
Ellos estaban caminando **lentamente** cuando **súbitamente** vieron un oso. (Ellos) Estaban **terriblemente** asustados. (Ellos) Recordaron que los osos son **extremadamente** agresivos. Entonces (ellos) notaron que el oso estaba **terriblemente** herido. Aunque el oso se veía **agresivamente** peligroso, ellos empezaron a caminar lenta y **calmadamente** hacia el teléfono. (Ellos) Llegaron al teléfono y **rápidamente** llamaron a Control de Animales. Control de Animales llegó a su casa **extraordinariamente** rápido y controló la situación. Ellos **inmediatamente** llevaron el oso al hospital de animales. (Ellos) Nos dijeron que este estaba **gravemente** herido y que tenía pocas probabilidades de supervivencia, pero **sorprendentemente** (éste) sobrevivió. Ellos curaron al oso. Nosotros estábamos **extremadamente** felices con la noticia.

LESSON 8: ADVERBS OF MANNER

Check the following examples. Complete the sentences. Adverbs with verbs:

In the following examples the adverbs are giving us more information about the verbs.

She **slowly** entered the room.
He **carefully** drove through the city.
They _____ (normal) eat salads.
He stops _____ (sudden).

Adverbs with Adjectives:
In the following examples the adverbs are giving us more information about the adjective.
The test was **extremely** difficult.

I am **incredibly** sorry about what I did.
This situation is **regrettably** sad.

This cake is_____ (amazing) delicious.
I am _____ (awful) sick.

This situations turned out to be _____((incredible) great.

Revisa los siguientes ejemplos, completa las oraciones. Adverbios con verbos:

En los siguientes ejemplos los adverbios nos dan más información acerca de los verbos.

Ella entró **lentamente** a la habitación.
Él manejó **cuidadosamente** a través de la ciudad.
Ellos _____ (normal) comen ensaladas.
Él paró _____ (de repente).

Adverbios con Adjetivos:
En los siguientes ejemplos los adverbios nos dan más información acerca de los adjetivos:
El examen estuvo **extremadamente** difícil.
Estoy **increíblemente** apenado por lo que hice.
La situación es **lamentablemente** triste.

La tarta está _____(extraordinario) deliciosa.
Estoy _____ (terrible) enfermo.
La situación pasó a ser _____ (increíble) estupenda.

LESSON 8: ADVERBS OF MANNER

Adverbs with Adverbs:

The first adverb gives us more information about the second. In this case in Spanish the second adverb do not finish in **–mente**.

The cheetah runs **incredibly quickly**.
He talks **exceptionally loudly**.

She works **extremely fiercely**.

Adverbios con Adverbios:

El primer adverbio da más información acerca del segundo. En este caso en español el segundo adverbio no termina en **-mente.**

El leopardo corre **increíblemente** rápido.
Él habla **excepcionalmente** duro(fuerte).
Ella trabaja **extremadamente** bien.

Playing with adverbs. Read the following list together. Change the adjective into an adverb and write the adverb on the line that follows the sentence. Make sure you are understanding the content.

1. She was a happy child. She played _____
2. The woman had a beautiful voice. She sang _____
3. He was always honest. He spoke with her _____
4. We felt sad at the funeral. We looked at each other _____
5. He was an excellent musician. He played it _____

Jugando con los adverbios. Lean la siguiente lista juntos. Conviertan los adjetivos en adverbios y escribe el adverbio en la línea que sigue a la oración. Asegúrese de estar entendiendo el contenido.

1. Ella fue una niña feliz. Ella jugó _____.
2. La mujer tenía una hermosa voz. Ella cantaba _____.
3. Él era siempre honesto. Él habló con ella _____
4. Nos sentimos tristes en el funeral. Nos miramos uno al otro _____.
5. Él era un músico excelente. Él tocaba _____.

LESSON 8: ADVERBS OF MANNER

6. They were very enthusiastic about clapping. They clapped _____
7. You are very energetic. You play football _____
8. He is a dangerous driver. He drives _____
9. Grandma was a frequent visitor. She visited us _____
10. Our new puppies are playful. They run _____
11. I made a foolish decision. I spent the money _____
12. He was gentle as he touched her hand. He touched it_____
13. The professor was a wise man. He spoke_____
14. Angelica has a sweet voice.

6. Ellos estaban muy entuciasmados aplaudiendo. Ellos aplaudían _____.
7. Tú eres muy energético (lleno de energía). Tú juegas fútbol _____
8. Él es un conductor peligroso. El maneja _____.
9. Mi abuela fue una visitante frecuente. Ella Nos visitaba _____
10. Nuestros nuevos cachorros son juguetones. Ellos corren _____.
11. Tomé una decisión estúpida. Gasté el dinero _____
12. Él fue suave cuando tocó su mano. Él tocó su mano _____.
13. El profesor fue un hombre sabio. Él hablaba_____.
14. Angélica tiene una dulce voz. Ella

Tell your partner other examples. As him/her for help to write them, if you need.
1._____
2._____
3._____
4._____
5._____

De otros ejemplos su compañero. Pídale a él o ella ayuda para escribirlos, si necesita.
1._____.
2._____.
3._____.
4._____.
5._____.

LESSON 8: ADVERBS OF MANNER

Tips for life
"*Happily ever after* starts every time you wake up"
Dragan Tapshanov

Claves para la vida
"*Felices por siempre* empieza cada vez que te despiertas".
Dragan Tapshanov

HOMEWORK

Continuation: Change the adjective into an adverb and write the adverb on the line that follows the sentence.

15. Peter has a loud voice. He shouted loudly.
16. We took a peaceful ride in the boat. It floated_____
17. The teacher is patient. She explained things_____
18. Our father was angry. He yelled at us _____
19. Jason was strange. He looked at them _____
20. She was decisive when she shopped. She chose things _____
21. Krysta is shy. Instead of talking, she look at him _____
22. Both dogs were ferocious. They growled at me _____
23. The coach was unfair. He treated the players _____
24. I was grateful for the chance. I wrote a letter _____

TAREA

Continuación: Convierte el adjetivo en adverbio y escribe el adverbio en la línea que sigue en la oración:

15. Peter tiene una voz ruidosa. Él grita ruidosamente
16. Nosotros tuvimos un paseo tranquilo en el barco. Este flotaba _____.
17. La maestra es paciente. Ella explica las cosas _____.
18. Nuestro padre está enojado. Él nos grita_____.
19. Jason estaba raro. Él los miraba _____.
20. Ella fue acertiva cuando fue de compras. Eligió cosas _____
21. Krysta es tímida. En lugar de hablar ella lo mira _____.
22. Ambos perros son feroces. Ellos me gruñen _____.
23. El manager fue injusto. Él trató a los jugadores _____.
24. Yo estaba agradecido por la oportunidad. Yo escribí una carta _____.

LESSON 8: ADVERBS OF MANNER

25. She is a loving mother. She cares for the children
   _____

26. My older brother is selfish. He usually acts
   _____

27. Everyone says Grandma is crazy. She laughs
   _____

25. Ella es una madre amorosa. Ella se preocupa por sus hijos
   _____

26. Mi hermano mayor es egoísta. Él usualmente actúa
   _____

27. Todos dicen que mi abuela es loca. Ella se ríe
   _____

LESSON 8: ADVERBS OF MANNER

English

_____
_____
_____
_____
_____
_____
_____
_____
_____
_____
_____
_____
_____
_____
_____
_____
_____
_____
_____

Español

_____
_____
_____
_____
_____
_____
_____
_____
_____
_____
_____
_____
_____
_____
_____
_____
_____
_____
_____

LESSON 8: ADVERBS OF MANNER

English

Español

LESSON 8: ADVERBS OF MANNER

English

Español

LESSON 9: RIGHT NOW

LESSON 09
RIGHT NOW
PRESENT CONTINUOUS

Lesson Objective
Learning to talk about situations that are happening right now.

Vocabulary
1. Mom is having a baby
2. It's coming out
3. She is yelling
4. Mom isn't really talking
5. Is it crying or breathing?
6. She is spluttering
7. See if the baby's breathing
8. I am unraveling It.
9. The ambulance is coming.
10. Is there any serious bleeding?

LECCION 09
EN ESTE INSTANTE
PRESENTE CONTINUO

Objetivo de la lección
Aprender a hablar de situaciones que están sucediendo en este instante.

Vocabulario
1. Mi mamá está teniendo su bebé.
2. Está saliendo
3. Ella está gritando
4. Mi mamá no está realmente hablando
5. ¿Está llorando o respirando?
6. Ella está balbuceando
7. Mire si el bebé está respirando
8. Estoy desenrollándolo ahora.
9. La ambulancia está en camino.
10. ¿Está sangrando seriamente? ¿Hay algún sangrado preocupante?

LESSON 9: RIGHT NOW

RIGHT NOW
PRESENT CONTINUOUS

CONVERSATION ONE
Emergency phone call
Woman having a Baby.

Operator: Denver Emergency Department, what is the problem?
Kid: My mom is having a baby.
Operator: What's the address for the ambulance?
Kid: Hurry, It's coming out.
Operator: I understand, may I have the address?
Kid: 083 Zang St, Denver CO
Operator: Is it your mom that's having a Baby?
Kid: Yes and it's coming out right now.
Operator: Are you on your own with her?
Kid: Yes.
Operator: When was it supposed to be born?
Kid: I can't hear you because she is yelling. Mom isn't really talking that much.
Kid: Ahhh. It's out.
Operator: The ambulance it's on its way. Please stay on the phone. Is it crying or breathing?
Kid: I don't know. Mommy is it crying?
Mon: She is spluttering
Operator: Just get Mommy to check and see if the baby's breathing
Kid: Is it breathing?
Kid: Is it breathing Mommy?

EN ESTE INSTANTE
PRESENTE CONTINUO

CONVERSACION UNO
Llamada de emergencia
Mujer teniendo un bebé.

Operador: Departamento de Emergencias de Denver, ¿cuál es la emergencia?
Niño: Mi mamá está teniendo el bebé.
¿Cuál es la dirección para la ambulancia?

Niño: Apúrese, está saliendo
Operador: Entiendo, por favor deme la dirección.
Niño: 083 Calle Zang, Denver CO
Operador: ¿Es su mamá la que está teniendo el bebé?
Niño: Sí y está saliendo en este instante.
Operador: ¿Está sola con su mamá?
Niño: Sí
Operador: ¿Cuándo se supone que nacería?
Niño: No le puedo oír porque ella está gritando. Mi mamá no está hablando casi.
Niño: Oh, salió.
Operador: La ambulancia está en camino. Por favor permanezca en la línea. ¿Está llorando o respirando?
Niño: No sé. ¿Mami está llorando?
Mamá: Está balbuceando.
Operador: Solo pídale a mami que revise si el bebé está respirando.
Niño: ¿Está respirando?
Niño: ¿Está respirando, mami?

LESSON 9: RIGHT NOW

Operator: Is it breathing?
Kid: Is it breathing Mommy?
Mom: No, she is not breathing
Operator: Is there a cord around the baby's neck?
Kid: Yes, I am unraveling It.
Operator: Tell your Mom to rub the baby's back up and down with a towel for about thirty (30) seconds.
Can I speak to Mommy. Can you put her on the phone?
Kid: Yes
Mom: Hello
Operator: Hi, I just want you to place your hand under the baby's neck and shoulders. Just slightly tilt the head back and see if there is any green fluid in the baby's mouth.
Mom: She is a very blue and purple. I can't believe it.
Operator: Ok, I am going to tell you how to give mouth to mouth, ok?
Mom: OK
Operator: Just put your hand on the baby's forehead and the other hand under her neck and shoulders. Then slightly tilt her head back. Completely cover her mouth and nose with your mouth and then I want you to blow two puffs of air into her lungs about a second each.

Is she making any breathing noises at all?
Mom: No
Operator: The ambulance is coming. Are you sure the baby is not breathing?
Mom: Yeah, it is like she is grimacing. She's alive, but she's…. really her head is purple.

Operador: ¿Está respirando?
Niño: ¿Está respirando, mami?
Mamá: No, (ella) no está respirando.
Operador: ¿Hay un cordón alrededor del cuello del bebé?
Niño: Sí, estoy desenrollándolo.
Operador: Dígale a su mamá que masajee la espalda del bebé de arriba hacia abajo con una toalla por treinta (30) segundos.
¿Puedo hablar con mami? ¿Puede ponerla al teléfono?
Niño: Si.
Mamá: Hola.
Operador: Hola, solo quiero que ponga su mano bajo el cuello y hombros del bebé. Incline ligeramente la cabeza hacia atrás y vea si hay algún tipo de líquido verde en la boca del bebé. Ella está muy azul y morada. ¡No lo puedo creer!

Operador: Bien, voy a decirle como darle respiración boca a boca, está bien?
Mamá: Bueno.
Operador: Solo ponga una mano en la frente del bebé y la otra mano bajo su cuello y brazos. Luego incline ligeramente su cabeza hacia atrás. Cubra completamente la boca y nariz (del bebé) con su boca y entonces quiero que sople dos bocanadas de aire dentro de sus pulmones (del bebé) por cerca de treinta segundos cada vez.
¿Está emitiendo algún ruido de respiración?
Mamá: No
Operador: La ambulancia está en camino. ¿Está segura de que el bebé no está respirando?
Mamá: Sí, está solo gesticulando. (Ella) está viva, pero… su cabeza está morada.

LESSON 9: RIGHT NOW

Operator: Is she making any breathing noises at all?
Mom: No
Operator: The ambulance is coming. Are you sure the baby is not breathing?

Mom: Yeah, it is like she is grimacing. She's alive, but she's…. really her head is purple.
Operator: If you are sure she is not breathing you can give her a few more very small puffs.

Mom: The Ambulance is here.
Operator: Ok then I will leave you with them. Everything will be OK now. They know exactly what to do

---

Operador: ¿Está haciendo algún tipo de ruidos de respiración?
Mamá: No
Operador: La ambulancia está en camino. ¿Está segura de que el bebé no está respirando?
Mamá: Sí, está solo gesticulando. (Ella) está viva, pero… su cabeza está morada.
Operador: Si está segura de que no está respirando le puede dar un par de bocanadas, muy pequeñas, de aire.
Mamá: La ambulancia ya llegó.
Operador: Bueno, entonces la dejo con ellos. Todo va a estar bien ahora. Ellos saben exactamente qué hacer.

CONVERSATION 2
Kid with her grandmother

Operator: Denver Emergency Department, what is the problem?

Kid: Hello, my Granny has fallen.
Operator: Ok, your grandmother has fallen. Can you give me your telephone number please?

Kid: 555-709-4302
Operator:: What's the exact address of the emergency?

CONVERSACION DOS
Niño con su abuela

Operador: Departamento de emergencias de Denver, ¿cuál es la emergencia?
Niño: Hola, mi abuelita se cayó.
Operador: Bueno, su abuelita se cayó. ¿Puede darme su número telefónico, por favor?

Niño: 555-709-4302
Operador: ¿Cuál es la dirección exacta de la emergencia?

LESSON 9: RIGHT NOW

Kid: 700 Youngfield St, Denver Co
Operator: Ok, are there any other problems?
Kid: No, just that she has fallen and can't get up.
Operator: Ok, how old is your granny?

Kid: 80
Operator: Are you with her at the moment?
Kid: Yes
Operator: Is she conscious? Is she awake?
Kid: Yes
Operator: Is she breathing?
Kid: Yes
Operator: What caused the fall?
Kid: She tripped over something.
Operator: OK, What's your name?
Kid: Collin
Operator: Ok, Collin, I will ask you a few more questions
Operator: Collin. How far did she fall?
Kid: Only a little bit.
Operator: Is she completely awake?
Kid: No
Operator: Is she breathing normally?
Kid: Yes
Operator: Ok, what part of her body is injured?
Kid: Her leg.
Operator: Ok, is there any serious bleeding?
Kid: No
Operator: Ok, when did this happened?
Kid: A few minutes ago.

Niño: 700 Calle Youngfield, Denver Co
Operador: ¿Muy bien, hay alguna otra emergencia?
Niño: No, solo que ella se cayó y no se puede levantar.
Operador: Bien, ¿cuántos años tiene tu abuelita?
Niño: 80
Operador: ¿Está con ella en este momento?
Niño: Si.
Operador: ¿Ella está consciente? ¿Está despierta?
Niño: Si.
Operador: ¿Está respirando?
Niño: Si.
Operador: ¿Qué causó la caída?
Niño: Ella se tropezó con algo.
Operador: Bueno, ¿cuál es su nombre?
Niño: Collin
Operador: Bueno Collin, le voy a hacer un par de preguntas más.
Operador: ¿Qué tan lejos cayó?
Niño: Solo un poquito lejos.
Operador: ¿Está totalmente despierta?
Niño: No
Operador: ¿Está respirando normalmente?
Niño: Si.
Operador: Bueno, ¿Tiene heridas en alguna parte de su cuerpo?
Niño: Su pierna
Operador: Bueno, ¿está sangrando?.

Niño: No
Operador: Bueno, ¿Cuándo pasó esto?
Niño: Hace un par de minutos.

LESSON 9: RIGHT NOW

Operator: Ok, that's the end of the questions. Collin I am just going to tell you what to do next. We have an ambulance on the way to you. You just stay on the line with me and I will tell you what to do. Don´t give her anything to eat or drink as it may make her sicker. Do you understand?
Niño: Yes
Operator: Don´t move her unless she is in danger. Wait for the ambulance to arrive. Just watch her closely.
Ok, Collin if you notice any changes before the ambulance arrives call me immediately.
Niño: Ok,
Operator: What's your granny's name?
Niño: Marly.
Operator: Ok, Collin, you are doing very well there. Stay with your grandmother. The ambulance should be there shortly.
All right.

Operador: Bueno, este es el final de las preguntas. Collin le voy a indicar que hacer a ahora. Ya está la ambulancia en camino. Por favor permanezca en la línea conmigo y le diré que hacer. No le vaya a dar nada de comer o tomar, pues eso la puede empeorar. ¿Entiende?

Niño: Si
Operador: No la mueva a menos que ella esté en peligro. Espere a que llegue la ambulancia. Esté pendiente de ella. Bueno Collin, si nota algún cambio antes de que la ambulancia llegue llámeme de inmediato.

Niño: Listo.
Operador: ¿Cuál es el nombre de su abuelita?
Niño: Marly
Operador: Bien Collín, está haciendo un buen trabajo. Permanezca con su abuelita. La ambulancia debería llegar muy pronto.
Listo

Tips for life

Grammar is important. For instance, commas save lives:
Let´s eat grandpa.
Let´s eat, Grandpa.

Claves para la vida

La gramática es importante. Por ejemplo, las comas salvan vidas:
Comamos abuelo.
Comamos, abuelo.

LESSON 9: RIGHT NOW

HOMEWORK
Now, let´s make a list of events that are happening right now:

1. I am taking a shower.
2. He is buying the lottery ticket.
3. She is talking on the phone.
4. _____
5. _____
6. _____
7. _____
8. _____
9. _____
10. _____

TAREA
Ahora hagamos una lista de eventos que están sucediendo en este momento.

1. Estoy tomando un baño.
2. Él está comprando un boleto de lotería.
3. Ella está hablando por teléfono.
4. _____
5. _____
6. _____
7. _____
8. _____
9. _____
10. _____

LESSON 9: RIGHT NOW

English

Español

LESSON 9: RIGHT NOW

English

Español

LESSON 9: RIGHT NOW

English

Español

LESSON 10: SINGING TOGETHER

LESSON 10
SINGING TOGETHER

Lesson Objective
Working on pronunciation

LECCION 10
CANTANDO JUNTOS

Objetivo de la lección
Trabajar en pronunciación

SINGING TOGETHER
QUE BONITA ES ESTA VIDA
Jorge Celedón

1. I like the smell the morning has
   I like the first sip of coffee

2. I feel like the sun peeks through my window
   And fills my eyes with a beautiful sunrise.

3. I like listening to the peace of the mountains
   To see the colors of the sunset
   To feel my feet in the sand on the beach
   And the sweetness of sugarcane when I kiss my woman.

4. I know that time is in a hurry, to get me off the list, but I tell it that:

5. Oh, how beautiful this life is
   But sometimes it hurts so much
   And in spite of the sadness
   Someone always loves us, there is always someone who cares.

CANTEMOS JUNTOS
QUE BONITA ES ESTA VIDA
Jorge Celedón

1. Me gusta el olor que tienen la mañana
   Me gusta el primer traguito de café

2. Sentir como el sol se asoma en mi ventana
   Y me llena la mirada, de un hermoso amanecer.

3. Me gusta escuchar la paz de las montañas Mirar los colores del atardecer
   Sentir en mis pies la arena de la playa
   Y lo dulce de la caña, cuando beso a mi mujer.

4. Se, se que el tiempo lleva prisa, pa' borrarme de la Lista, pero yo le digo que:

5. Ay, que bonita es esta vida
   Aunque a veces duela tanto
   Y a pesar de los pesares
   Siempre hay alguien que nos quiere, siempre hay Alguien que nos cuida.

LESSON 10: SINGING TOGETHER

6. Ay ay ay ay, how beautiful this life is
   And even if is not forever
   If I live with my people
   It is nice till we die with fire water and tequila.
7. Cheers for life that is pretty
8. I like hearing the voice of a guitar
   Cheers for that friend who is gone
   To feel the embrace of the morning
   And to fill my eyes with another beautiful sunrise.
9. I know that time is in a hurry, to get me off the list, but I tell you:
10. Oh, how beautiful this life is
    But sometimes it hurts so much
    And in spite of the sadness
    Someone always loves us, there is always someone who cares.
11. Ay ay ay ay, how beautiful this life is
    And even if it is not forever
    If I live with my people
    It is nice till we die with fire water and tequila.
12. Ay ay ay ay, how beautiful this life is
    But sometimes it hurts so much
    And in spite of the sadness
    Someone always loves us, there is always someone who cares.

6. Ay ay ay ay, que bonita es esta vida
   Y aunque no sea para siempre
   Si la vivo con mi gente
   Es bonita hasta la muerte con aguardiente y tequila.
7. Brindemos por la vida que es linda
8. Me gusta escuchar la voz de una guitarra
   Brindar por aquel amigo que se fue
   Sentir el abrazo de la madrugada
   Y llenarme la mirada de otro hermoso amanecer.
9. Se, se que el tiempo lleva prisa, pa' borrarme de la lista, pero yo le digo que:
10. Ay, que bonita es esta vida
    Y aunque a veces duela tanto
    Y a pesar de los pesares
    siempre hay alguien que nos quiere, siempre hay alguien que nos cuida.
11. Ay ay ay ay, que bonita es esta vida
    Y aunque no sea para siempre
    Si la vivo con mi gente
    Es bonita hasta la muerte con aguardiente y tequila.
12. Ay ay ay ay, que bonita es esta vida
    Aunque a veces duela tanto
    Y a pesar de los pesares
    Siempre hay alguien que nos quiere, siempre hay Alguien que nos cuida.

Doc: Basic 2

LESSON 10: SINGING TOGETHER

13. Ay ay ay ay, how beautiful this life is
And even if not forever
If I live with my people
It is nice to die with fire water and tequila.

13. Ay ay ay ay, que bonita es esta vida
Y aunque no sea para siempre
Si la vivo con mi gente
Es bonita hasta la muerte con canciones y tequila.

1. FIREWORK
Katy Perry

1. Do you ever feel like a plastic bag
Drifting through the wind
wanting to start again?
Do you ever feel
Feel so paper thin
Like a house of cards
One blow from caving in?
2. Do you ever feel already buried deep?
6 feet under screams
But no one seems to hear a thing
Do you know that there's still a chance for you
Because there's a spark in you
You just got to ignite, the light, and let it shine
Just own the night
Like the 4th of July

1. FUEGOS ARTIFICIALES
Katy Perry

1. Alguna vez te has sentido como una bolsa de plástico a la deriva en el viento,
queriendo empezar de nuevo.
Alguna vez te has sentido,
tan delgada como el papel,
como un castillo de cartas,
a solo un soplido de caer.
2. Alguna vez te has sentido ya profundamente enterrada, gritando a 6 pies bajo tierra
pero nadie parece escuchar una palabra.
¿Sabes que todavía hay una oportunidad para tí?
Porque hay una chispa en tu interior.
Solo debes encender, la llama, y dejarla brillar.
Simplemente tener la noche (*poseerla, que sea tuya*) como el 4 de Julio (fiesta del 4 de julio)

LESSON 10: SINGING TOGETHER

3. Because baby you're a firework
   Come on, show 'em what you're worth
   Make them go "Oh, oh, oh"
   As you shoot across the sky
4. Baby, you're a firework
   Come on, let your colors burst
   Make them go "Oh, oh, oh"
   You're going to leave 'em falling down

5. You don't have to feel like a waste of space
   You're original, cannot be replaced
   If you only knew what the future holds
   After a hurricane comes a rainbow
6. Maybe you're reason
   Why all the doors are closed
   So you could open one
   That leads you to the perfect road
   Like a lightning bolt, your heart will blow
   And when it's time, you'll know

---

3. Porque cariño, eres como los fuegos artificiales.
   Vamos, enséñales lo que vales,
   haz que digan "Oh, oh, oh"
   cuando cruzas el cielo.
4. Cariño, eres como los fuegos artificiales
   Vamos, deja que tus colores estallen,
   haz que digan "Oh, oh, oh",
   Vas a dejarles alucinados (*hacerles caer*)

5. No tienes que sentirte como un desperdicio de espacio.
   Tú eres única, no puedes ser reemplazada.
   Si solo supieras lo que te depara el futuro,
   después de la tormenta viene un arco iris.
6. Tal vez tú eres la razón
   de que todas las puertas estén cerradas.
   Así que podrías abrir una
   que te lleve por la carretera perfecta.
   Como un relámpago, tu corazón saltará por los aires,
   y cuando sea el momento, lo sabrás.

LESSON 10: SINGING TOGETHER

7. You just got to ignite, the light, and let it shine
   Just own the night like the 4th of July
8. Because baby you're a firework
   Come on, show 'em what you're worth
   Make them go "Oh, oh, oh"
   As you shoot across the sky
9. Baby, you're a firework
   Come on, let your colors burst
   Make them go "Oh, oh, oh"
   You're going to leave 'em falling down

10. Boom, boom, boom
    Even brighter than the moon, moon, moon
    It's always been inside of you, you, you
    And now it's time to let it through

11. Because baby you're a firework
    Come on, show 'em what you're worth
    Make them go "Oh, oh, oh"
    As you shoot across the sky

---

7. Solo debes encenderla, la llama, y dejarla brillar,
   simplemente tener la noche, como el 4 de Julio.
8. Porque cariño, eres como los fuegos artificiales
   Vamos, enséñales lo que vales,
   haz que digan "Oh, oh, oh"
   cuando cruzas el cielo.

9. Cariño, eres como los fuegos artificiales
   Vamos, deja que tus colores estallen,
   haz que digan "Oh, oh, oh",
   Vas a dejarles alucinados.

10. Bum, bum, bum *(como explosiones)*
    Incluso más brillante que la luna, luna, luna.
    Siempre ha estado en tu interior,
    Y ahora es el momento de dejarlo salir.

11. Porque cariño, eres como los fuegos artificiales
    Vamos, enséñales lo que vales,
    haz que digan "Oh, oh, oh"
    cuando cruzas el cielo.

LESSON 10: SINGING TOGETHER

12. Baby, you're a firework
    Come on, let your colors burst
    Make them go "Oh, oh, oh"
    You're going to leave 'em falling down

13. Boom, boom, boom
    Even brighter than the moon, moon, moon
    Boom, boom, boom
    Even brighter than the moon, moon, moon

12. Cariño, eres como los fuegos artificiales
    Vamos, deja que tus colores estallen,
    haz que digan "Oh, oh, oh",
    Vas a dejarles alucinados.

13. Bum, bum, bum (*como explosiones*)
    Incluso más brillante que la luna, luna, luna.
    Bum, bum, bum
    Incluso más brillante que la luna, luna, luna.
    Taken from http://lyricstranslate.com/en/vivir-mi-vida-live-my-life.html#ixzz38nhZTW3X

LESSON 10: SINGING TOGETHER

English   **Español**

LESSON 10: SINGING TOGETHER

English | Español

LESSON 10: SINGING TOGETHER

English

Español

WORD COUNT

1278 Unique English Words in order of number of occurrences i.e. "i" occurs 186 times.

186 i, 98 you, 74 make, 65 do, 63 they, 61 have, 60 your, 58 she, 52 my, 52 he, 50 it, 48 in, 46 we, 45 that, 39 going, 34 with, 34 want, 33 am, 26 like, 26 go, 26 her, 26 what, 25 was, 24 but, 24 need, 22 if, 22 on, 21 or, 21 about, 21 ok, 21 oh, 20 me, 20 lesson, 20 this, 20 not, 20 at, 19 has, 19 life, 18 so, 18 write, 18 them, 18 just, 18 will, 17 there, 16 adverbs, 16 ay, 15 feel, 15 eat, 15 you're, 14 t, 14 sentences, 14 homework, 14 were, 13 people, 13 one, 13 an, 13 because, 12 know, 12 beautiful, 12 following, 12 get, 12 can, 12 tell, 12 more, 12 verbs, 12 classroom, 12 mom, 12 breathing, 11 read, 11 all, 11 using, 11 use, 11 always, 11 now, 11 take, 11 us, 11 s, 11 how, 11 yes, 11 baby, 10 objective, 10 next, 10 school, 10 time, 10 partner, 10 don't, 10 who, 10 verb, 10 no, 10 happy, 10 very, 10 out, 10 don, 9 then, 9 tips, 9 well, 9 many, 9 when, 9 adjectives, 9 down, 9 even, 9 day, 9 doctor, 9 hurts, 9 phone, 9 ambulance, 9 let, 9 boom, 9 moon, 8 sometimes, 8 vocabulary, 8 other, 8 him, 8 think, 8 list, 8 big, 8 learning, 8 into, 8 sure, 8 right, 8 come, 8 buy, 8 wants, 8 questions, 7 working, 7 sad, 7 things, 7 as, 7 ask, 7 exercise, 7 cold, 7 it's, 7 makes, 7 see, 7 really, 7 after, 7 water, 7 together, 7 visit, 7 someone, 7 call, 7 any, 7 baby's, 6 short, 6 small, 6 game, 6 back, 6 their, 6 light, 6 feelings, 6 while, 6 study, 6 our, 6 different, 6 put, 6 drink, 6 talking, 6 friends, 6 head, 6 shower, 6 up, 6 pay, 6 needs, 6 adverb, 6 describe, 6 collin, 5 complete, 5 teacher, 5 slowly, 5 some, 5 watch, 5 through, 5 sadness, 5 room, 5 words, 5 spanish, 5 present, 5 cry, 5 did, 5 talk, 5 looked, 5 sleep, 5 leave, 5 die, 5 love, 5 live, 5 hand, 5 conversation, 5 stop, 5 english, 5 bed, 5 job, 5 money, 5 something, 5 give, 5 car, 5 check, 5 new, 5 every, 5 normally, 5 own, 5 information, 5 extremely, 5 bear, 5 coming, 5 mouth, 5 firework, 4 angry, 4 few, 4 best, 4 emotions, 4 each, 4 that's, 4 win, 4 noisy, 4 others, 4 understand, 4 too, 4 children, 4 mind, 4 walls, 4 long, 4 saw, 4 had, 4 letter, 4 amazing, 4 animals, 4 good, 4 answers, 4 taking, 4 bottle, 4 crying, 4 class, 4 took, 4 learned, 4 only, 4 truck, 4 from, 4 sentence, 4 feeling, 4 office, 4 adjective, 4 flu, 4 wrong, 4 problem, 4 work, 4 business, 4 test, 4 little, 4 nothing, 4 decision, 4 woman, 4 making, 4 fall, 4 skinny, 4 negative, 4 doesn, 4 vacation, 4 cake, 4 usually, 4 ly, 4 got, 4 examples, 4 today, 4 voice, 4 ever, 4 cares, 4 having, 4 play, 4 emergency, 4 denver, 4 what's, 4 much, 4 mommy, 4 colors, 3 happiness, 3 warm, 3 may, 3 thought, 3 would, 3 should, 3 share, 3 movies, 3 quiet, 3 those, 3 say, 3 past, 3 went, 3 walked, 3 opposite, 3 spent, 3 learn, 3 forget, 3 last, 3 toys, 3 care, 3 used, 3 shine, 3 classmate, 3 wanted, 3 help, 3 way, 3 anonymous, 3 rhinoceros, 3 around, 3 once, 3 save, 3 told, 3 two, 3 great, 3 asleep, 3 old, 3 thing, 3 morning, 3 ready, 3 first, 3 trip, 3 sick, 3 sore, 3 throat, 3 doing, 3 b, 3 does, 3 situations, 3 his, 3 body, 3 least, 3 express, 3 laundry, 3 exception, 3 order, 3 same, 3 anything, 3 everything, 3 badly, 3 plans, 3 jobs, 3 nobody, 3 these, 3 word, 3 doesn't, 3 laugh, 3 professional, 3 red, 3 gone, 3 lot, 3 name, 3 flowers, 3 asked, 3 travel, 3 story, 3 quit, 3 diet, 3 change, 3 please, 3 constantly, 3 regularly, 3 often, 3 occasionally, 3 seldom, 3 i , 3 family, 3 hear, 3 its, 3 manner, 3 soccer, 3 incredibly, 3 loudly, 3 immediately, 3 injured, 3 animal, 3 chance, 3 second, 3 line, 3 windows, 3 why, 3 fun, 3 address, 3 hurry, 3 can't, 3 stay, 3 neck, 3 under, 3 blow, 3 grandmother, 3 fallen, 3 winter, 3 spite, 3 loves, 3 forever, 3 nice, 3 fire, 3 tequila, 3 show, 3 worth, 3 shoot, 3 across, 3 sky, 3 burst, 3 falling, 3 it's, 3 brighter, 3 than, 3 kids, 2 chose, 2 calm, 2 said, 2 could, 2 talked, 2 drank, 2 country, 2 mean, 2 interesting, 2 kids', 2 honest, 2 embarrassed, 2 lose, 2 koalas, 2 started, 2 true, 2 sunny, 2 find, 2 another, 2 food, 2 felt, 2 bit, 2 yeah, 2 believe, 2 laughed, 2 both, 2 hours, 2 sorry, 2 guesses, 2 years, 2 still, 2 experience, 2 language, 2 didn't, 2 man, 2 friend, 2 home, 2 chubby, 2 activities, 2 headache, 2 toothache, 2 arm, 2 leg, 2 stomach, 2 hurt, 2 concerned, 2 fever, 2 hi, 2 closed, 2 wait, 2 cozy, 2 late, 2 able, 2 speak, 2 husband, 2 heart, 2 acts, 2 three, 2 high, 2 actions, 2 tasks, 2 housework, 2 dishes, 2 shopping, 2 gets, 2 point, 2 lunch, 2 dinner, 2 coffee, 2 exceptions, 2 profit, 2 fortune, 2 realistic, 2 correct, 2 maybe, 2 remember, 2 joke, 2 foolish, 2 mistake, 2 difference, 2 yayyy, 2 electro, 2 train, 2 push, 2 fit, 2 japan, 2 fill, 2 look, 2 steals, 2 excited, 2 ear, 2 india, 2 cleaning, 2 been, 2 ears, 2 special, 2 mother, 2 yo, 2 agency, 2 book, 2 traffic, 2 nervous, 2 smoking, 2 start, 2 chores, 2 friendly, 2 tomorrow, 2 year, 2 wake, 2 bills, 2 estoy, 2 opposites, 2 attend, 2 normal, 2 frecuency, 2 ugly, 2 frequency, 2 nearly, 2 almost, 2 blue, 2 generally, 2 brother, 2 frequently, 2 periodically, 2 rarely, 2 night, 2 ever , 2 will , 2 annually, 2 visited, 2 don't, 2 winner, 2 difficult, 2 beach, 2 cannot, 2 moment, 2 ending, 2 tiene, 2 carefully, 2 suddenly, 2 regrettably, 2 amazingly, 2 awfully, 2 quickly, 2 exceptionally, 2 fiercely, 2 end, 2 instead, 2 add, 2 mente, 2 esta, 2 dangerous, 2 control, 2 house, 2 situation, 2 giving, 2 mexico, 2 goal, 2 follows, 2 played, 2 let's, 2 spoke, 2 grandma, 2 touched, 2 continuous, 2 happening, 2 matter, 2 yelling, 2 isn't, 2 spluttering, 2 kinds, 2 unraveling, 2 serious, 2 bleeding, 2 over, 2 department, 2 ten, 2 st, 2 co, 2 nah, 2 shy, 2 hello, 2 shoulders, 2 slightly, 2 tilt, 2 purple, 2 completely, 2 puffs, 2 she's, 2 granny, 2 tall, 2 awake, 2 grandpa, 2 singing, 2 eyes, 2 sunrise, 2 feet, 2 off, 2 walk, 2 green, 2 low, 2 cried, 2 till, 2 cheers, 2 there's, 2 ignite, 2 july, 2 bought, 2 knew, 2 firework , 2 choose, 1 mammals, 1 fly, 1 dear, 1 preparing, 1 breakfast, 1 insects, 1 fruit, 1 sandwich, 1 cup, 1 tea, 1 human, 1 reservation, 1 cheap, 1 emails, 1 points, 1 terrible, 1 report, 1 blood, 1 course, 1 subject, 1 front, 1 elegant, 1 tried, 1 hair, 1 nails, 1 mood, 1 relationships, 1 pass, 1 flirt, 1 imitate, 1 teachers, 1 resolve, 1 general, 1 pessimistic, 1 hippopotamus, 1 weekend, 1 plus, 1 optimistic, 1 communications, 1 bath, 1 meaning, 1 ashamed, 1 bet, 1 complaint, 1 confession, 1 speech, 1 prediction, 1 excuse, 1 promise, 1 fuss, 1 lying, 1 progress, 1 emotion, 1 choice, 1 introvert, 1 attempt, 1 decide, 1 discovery, 1 confirm, 1 floor, 1 lets, 1 thank, 1 knows, 1 experiment, 1 welcome, 1 vets, 1 shock, 1 givers, 1 expand, 1 shocks, 1 board, 1 team, 1 onto, 1 medical, 1 pushers, 1 saying, 1 literally, 1 regrets, 1 trains, 1 trying, 1 definitely, 1 boy, 1 snuggler, 1 also, 1 cuddle, 1 cafés, 1 where, 1 dollar, 1 hour, 1 snuggle, 1 real, 1 healthy, 1 vet, 1 tired, 1 cuida, 1 carros, 1 full, 1 watchers, 1 dudes, 1 lack, 1 interest, 1 spaces, 1 somebody, 1 approaches, 1 blanks, 1 noise, 1 sleeping, 1 cleaners, 1 cautious, 1 repeat, 1 art, 1 that's, 1 thirsty, 1 passed, 1 generations, 1 basically, 1 guys, 1 streets, 1 people's, 1 country's, 1 cotton, 1 covered, 1 needle, 1 pair, 1 pinchers, 1 clean, 1 harm, 1 health, 1 corresponding, 1 profession, 1 dream, 1 exist, 1 must, 1 create, 1 inner, 1 between, 1 expresses, 1 obligation, 1 option, 1 switch, 1 pronoun, 1 fell, 1 law, 1 guy, 1 humiliation, 1 ball, 1 boss, 1 objects, 1 flight, 1 getting, 1 roles, 1 library, 1 bathroom, 1 remembered, 1 feliz, 1 busy, 1 monday, 1 married, 1 desire, 1 ella, 1 target, 1 cancun, 1 dark, 1 nerviosa, 1 healthier, 1 paris, 1 soup, 1 expression, 1 manifest, 1 parents, 1 rain, 1 rent, 1 white, 1 necessary, 1 achieve, 1 certain, 1 whole, 1 similar, 1 wear, 1 running, 1 marathon, 1 worried, 1 subjects, 1 driving, 1 teach, 1 involve, 1 improve, 1 potatoes, 1 tu, 1 compare, 1 overweight, 1 diabetes, 1 eating, 1 carbs, 1 sugar, 1 embarrassment, 1 early, 1 birthday, 1 party, 1 benjamin, 1 ingredients, 1 match, 1 lawyer, 1 tires, 1 swimming, 1 groceries, 1 franklin, 1 polish, 1 shoes, 1 movie, 1 taxes, 1 mow, 1 grass, 1 basketball, 1 achieved, 1 looking, 1 inward, 1 enjoy, 1 whatever, 1 requires, 1 transforming, 1 greed, 1 gratitude, 1 john, 1 chrysostom, 1 per, 1 lines, 1 example, 1 minimum, 1 ones, 1 amusement, 1 usted, 1 park, 1 museum, 1 etc, 1 trucks, 1 five, 1 pongo, 1 está, 1 soda, 1 guilty, 1 estamos, 1 answer, 1 avergonzados, 1 done, 1 ellos, 1 always , 1 mess, 1 cooking, 1 usually , 1 anyway, 1 she , 1 frequently , 1 dessert, 1 often , 1 myself, 1 sometimes , 1 can't, 1 showing, 1 breakthrough, 1 lab, 1 rarely , 1 raul, 1 complain, 1 carla , 1 hardly , 1 happen, 1 places, 1 never , 1 fool, 1 edge, 1 get , 1 a , 1 yearly , 1 seasonal, 1 shot, 1 arrangements, 1 preocupados, 1 credit, 1 card, 1 bill , 1 monthly, 1 weekly, 1 daily, 1 e, 1 mail, 1 hourly, 1 hours , 1 you , 1 synonyms, 1 chinese, 1 poems, 1 magazine, 1 published, 1 yearly, 1 nosotros, 1 mother , 1 week, 1 miami, 1 tooth, 1 people , 1 rock, 1 meet, 1 mailbox, 1 translation, 1 below, 1 desk, 1 wrist, 1 chart, 1 gym, 1 cook, 1 elbow, 1 jokes, 1 pig, 1 wall, 1 recover, 1 shoulder, 1 ocupado, 1 missed, 1 molesto, 1 foot, 1 ankle, 1 knee, 1 monkeys, 1 complicated, 1 miedo, 1 guess, 1 chest, 1 monkey, 1 whenever, 1 being, 1 deprimido, 1 threw, 1 modify, 1 outgoing, 1 losers, 1 identifying, 1 seemed, 1 finishes, 1 ful, 1 al, 1 lly, 1 walking, 1 disgusting, 1 horribly, 1 scared, 1 orgullosa, 1 bears, 1 aggressive, 1 noticed, 1 inspired, 1 though, 1 aggressively, 1 disappointed, 1 calmly, 1 towards, 1 usa, 1 rapidly, 1 called, 1 triste, 1 extrovert, 1 m, 1 fast, 1 controlled, 1 smile, 1 hospital, 1 estan, 1 survival, 1 surprisingly, 1 cured, 1 news, 1 vs, 1 shouldn't, 1 entered, 1 drove, 1 city, 1 salads, 1 stops, 1 sudden, 1 delicious, 1 awful, 1 turned, 1 incredible, 1 writing, 1 gives, 1 temperature, 1 case, 1 finish, 1 cheetah, 1 runs, 1 talks, 1 works, 1 playing, 1 unselfish, 1 cloudy, 1 understanding, 1 content, 1 child, 1 bottles, 1 ache, 1 sang, 1 picture, 1 funeral, 1 excellent, 1 musician, 1 enthusiastic, 1 clapping, 1 clapped, 1 energetic, 1 football, 1 driver, 1 drives, 1 miss, 1 frequent, 1 visitor, 1 puppies, 1 playful, 1 run, 1 made, 1 gentle, 1 unfriendly, 1 professor, 1 wise, 1 angelica, 1 sweet, 1 sings, 1 happily, 1 native, 1 starts, 1 dragan, 1 tapshanov, 1 continuation, 1 peter, 1 loud, 1 shouted, 1 peaceful, 1 ride, 1 boat, 1 floated, 1 patient, 1 explained, 1 father, 1 yelled, 1 jason, 1 strange, 1 decisive, 1 shopped, 1 krysta, 1 dogs, 1 ferocious, 1

WORD COUNT

growled, 1 coach, 1 unfair, 1 treated, 1 players, 1 grateful, 1 wrote, 1 loving, 1 divided, 1 older, 1 selfish, 1 everyone, 1 says, 1 crazy, 1 laughs, 1 pretend, 1 i'm, 1 which, 1 close, 1 expired, 1 ll, 1 act, 1 corner, 1 uncommon, 1 parts, 1 black, 1 depressed, 1 most, 1 correctly, 1 dr, 1 bring, 1 treat, 1 seuss, 1 candy, 1 expressing, 1 communicate, 1 daughter, 1 supposed, 1 born, 1 caring, 1 characteristics, 1 ahhh, 1 recall, 1 narrow, 1 cord, 1 roller, 1 rub, 1 towel, 1 thirty, 1 seconds, 1 ways, 1 place, 1 coaster, 1 reason, 1 cheerful, 1 signs, 1 fluid, 1 boring, 1 soul, 1 forehead, 1 smallest, 1 cover, 1 nose, 1 disorganized, 1 trouble, 1 air, 1 lungs, 1 noises, 1 grimacing, 1 secret, 1 alive, 1 here, 1 exactly, 1 kid, 1 came, 1 success, 1 swami, 1 telephone, 1 number, 1 exact, 1 youngfield, 1 problems, 1 conscious, 1 sivananda, 1 caused, 1 tripped, 1 either, 1 far, 1 part, 1 happened, 1 minutes, 1 ago, 1 sicker, 1 move, 1 unless, 1 danger, 1 arrive, 1 closely, 1 notice, 1 changes, 1 before, 1 arrives, 1 granny's, 1 marly, 1 shortly, 1 grammar, 1 important, 1 instance, 1 commas, 1 lives, 1 ate, 1 appointment, 1 events, 1 buying, 1 lottery, 1 ticket, 1 latino, 1 pronunciation, 1 que, 1 bonita, 1 es, 1 vida, 1 jorge, 1 celedón, 1 smell, 1 sip, 1 sun, 1 peeks, 1 window, 1 fills, 1 bats, 1 explaining, 1 listening, 1 peace, 1 mountains, 1 especially, 1 sunset, 1 uncomfortable, 1 sand, 1 sweetness, 1 sugarcane, 1 kiss, 1 kind, 1 scare, 1 extroverts, 1 obligations, 1 taken, 1 repetitive, 1 yesterday, 1 spend, 1 goalie, 1 creating, 1 pretty, 1 hearing, 1 guitar, 1 embrace, 1 weak, 1 katy, 1 perry, 1 plastic, 1 bag, 1 drifting, 1 wind, 1 wanting, 1 again, 1 feel , 1 paper, 1 thin, 1 cards, 1 caving, 1 already, 1 buried, 1 deep, 1 screams , 1 seems, 1 producing, 1 spark, 1 differentiation, 1 night , 1 hacer, 1 relaxed, 1 strait, 1 itself, 1 neighbor, 1 studied, 1 watching, 1 pride, 1 waste, 1 space, 1 original, 1 replaced, 1 future, 1 holds, 1 hurricane, 1 comes, 1 rainbow, 1 reason , 1 doors, 1 open, 1 one , 1 leads, 1 perfect, 1 road, 1 lightning, 1 bolt, 1 forgot, 1 you'll, 1 lost, 1 backyard, 1 break, 1 broke, 1 omg, 1 inside

1622 Unique Spanish Words in order of number of occurrences i.e. "de" occurs 193 times.

193 de, 173 la, 166 que, 114 el, 96 y, 90 en, 73 hacer, 71 no, 69 un, 65 los, 60 yo, 57 una, 56 está, 55 es, 53 ella, 52 ellos, 44 mi, 38 me, 37 para, 36 con, 35 se, 35 tu, 35 por, 35 su, 27 lo, 26 o, 26 si, 26 tengo, 24 quiero, 23 como, 22 las, 22 al, 22 tiene, 20 te, 20 pero, 19 del, 19 cuando, 19 ay, 19 voy, 19 oh, 18 muy, 18 hay, 18 ir, 17 bien, 17 adverbios, 16 le, 16 más, 16 nos, 15 escribe, 15 solo, 15 vez, 15 vida, 15 nosotros, 15 vamos, 14 compañero, 14 oraciones, 14 tarea, 14 verbos, 14 bueno, 14 verbo, 14 bebé, 13 estoy, 13 salón, 13 siempre, 13 mamá, 13 va, 12 objetivo, 12 qué, 12 porque, 12 este, 12 tomar, 12 quiere, 12 necesito, 11 adjetivos, 11 entonces, 11 son, 11 veces, 11 eres, 11 comer, 11 clase, 11 duele, 11 respirando, 10 esta, 10 lección, 10 escuela, 10 aprender, 10 día, 10 cada, 10 tú, 10 fue, 10 hacen, 10 bonita, 9 otros, 9 usando, 9 lista, 9 claves, 9 tienes, 9 sus, 9 leccion, 9 gente, 9 ambulancia, 9 luna, 8 tienen, 8 tus, 8 sí, 8 mis, 8 vocabulario, 8 comprar, 8 tener, 8 acerca, 8 preguntas, 8 cabeza, 8 dolor, 8 mente, 8 algo, 8 alguien, 8 necesita, 7 todos, 7 gusta, 7 ejercicio, 7 ser, 7 están, 7 gustan, 7 hablar, 7 animales, 7 baño, 7 tiempo, 7 siguientes, 7 cuál, 7 alguna, 7 trabajo, 7 haz, 7 puede, 7 normalmente, 7 aunque, 7 fuegos, 7 artificiales, 7 bum, 6 uno, 6 cosas, 6 siguiente, 6 grande, 6 palabra, 6 usar, 6 sentir, 6 ustedes, 6 ahora, 6 después, 6 diferentes, 6 estaba, 6 estaban, 6 estos, 6 juntos, 6 médico, 6 mano, 6 tareas, 6 quieren, 6 casi, 6 vida, 6 cariño, 6 digan, 5 mismo, 5 tenemos, 5 feliz, 5 dinero, 5 deja, 5 camino, 5 sentimientos, 5 expresar, 5 todo, 5 estar, 5 ellas, 5 ver, 5 hace, 5 esto, 5 les, 5 mucho, 5 presente, 5 llorar, 5 creo, 5 amigos, 5 has, 5 menos, 5 español, 5 niños, 5 van, 5 favor, 5 hacia, 5 dos, 5 información, 5 teléfono, 5 momento, 5 extremadamente, 5 oso, 5 adverbio, 5 emergencia, 5 boca, 5 abuelita, 5 sea, 4 felices, 4 muros, 4 mejor, 4 emociones, 4 muchos, 4 mañana, 4 hoy, 4 completa, 4 bajo, 4 usa, 4 carta, 4 nuestro, 4 eso, 4 puedes, 4 ganar, 4 respuestas, 4 triste, 4 necesitamos, 4 pasado, 4 saber, 4 hijos, 4 dormir, 4 tenía, 4 botella, 4 agua, 4 otro, 4 dejar, 4 años, 4 trabajando, 4 oración, 4 visita, 4 hola, 4 estás, 4 hablando, 4 nadie, 4 mujer, 4 cuida, 4 par, 4 cama, 4 negativo, 4 vas, 4 pagar, 4 necesitan, 4 vacaciones, 4 frecuencia, 4 hago, 4 puedo, 4 anualmente, 4 juego, 4 ejemplos, 4 línea, 4 voz, 4 instante, 4 teniendo, 4 algún, 4 denver, 4 mami, 4 cayó, 4 collin, 4 colores, 4 camión, 4 tranquilo, 4 anónimo, 3 lugar, 3 describe, 3 maestra, 3 frio, 3 tipo, 3 estamos, 3 felicidad, 3 país, 3 frente, 3 llegar, 3 entiendo, 3 también, 3 altos, 3 comparte, 3 estudiar, 3 dijo, 3 tomando, 3 realmente, 3 quería, 3 todas, 3 maneras, 3 cerca, 3 largo, 3 próxima, 3 corta, 3 aprendí, 3 pueden, 3 dicen, 3 horas, 3 alrededor, 3 era, 3 primer, 3 reír, 3 viaje, 3 siento, 3 juguetes, 3 muela, 3 enfermo, 3 fiebre, 3 resfrío, 3 gripe, 3 garganta, 3 conversación, 3 b, 3 ruidoso, 3 problema, 3 dulce, 3 tres, 3 inglés, 3 invierno, 3 compras, 3 pone, 3 buen, 3 nada, 3 otras, 3 planes, 3 decisión, 3 trabajos, 3 dan, 3 mientras, 3 espacio, 3 oídos, 3 ha, 3 ventanas, 3 otra, 3 flores, 3 pidió, 3 examen, 3 parar, 3 historia, 3 visitar, 3 dieta, 3 listo, 3 constantemente, 3 palabras, 3 regularmente, 3 menudo, 3 frecuentemente, 3 pocas, 3 tan, 3 noche, 3 familia, 3 usualmente, 3 forma, 3 terminan, 3 lentamente, 3 increíblemente, 3 terriblemente, 3 algunos, 3 situación, 3 abuela, 3 saliendo, 3 gritando, 3 llorando, 3 sé, 3 dirección, 3 permanezca, 3 cuello, 3 ya, 3 brillar, 3 escuchar, 3 opuestos, 3 duela, 3 tanto , 3 pesar, 3 pesares , 3 siempre , 3 vivo, 3 gente , 3 hasta, 3 muerte, 3 tequila, 3 interior, 3 sentido, 3 julio, 3 enséñales, 3 vales, 3 cruzas, 3 cielo, 3 estallen, 3 dejarles, 3 alucinados, 3 incluso, 3 brillante, 2 realista, 2 película, 2 mí, 2 alto, 2 ingles, 2 sad, 2 you, 2 guilty, 2 we, 2 quien, 2 sientes, 2 molesta, 2 importan, 2 diez, 2 fuiste, 2 fuimos, 2 fueron, 2 venir, 2 caminar, 2 caminé, 2 caminamos, 2 muchas, 2 lloré, 2 gasté, 2 gastamos, 2 vi, 2 vieron, 2 jugar, 2 puse, 2 bajos, 2 olvidar, 2 fui, 2 estuvo, 2 hice, 2 espacios, 2 tuvimos, 2 leer, 2 leí, 2 decir, 2 sujeto, 2 dijeron, 2 hablé, 2 habló, 2 pensar, 2 pensaron, 2 semana, 2 hermano, 2 allí, 2 había, 2 interesantes, 2 espectacular, 2 parece, 2 koalas, 2 actividades, 2 pequeñas, 2 ganador, 2 pues, 2 opuesto, 2 tomé, 2 monos, 2 tomaron, 2 rico, 2 comida, 2 sentimiento, 2 poquito, 2 i, 2 he, 2 comen, 2 pequeños, 2 rinoceronte, 2 vivir, 2 casa, 2 experiencia, 2 hablaba, 2 cosa, 2 diré, 2 trabaja, 2 algunas, 2 ves, 2 llena, 2 brazo, 2 pierna, 2 espalda, 2 amigo, 2 tristes, 2 consultorio, 2 fuerte, 2 situaciones, 2 pare, 2 así, 2 cerradas, 2 partido, 2 cuerpo, 2 mayor, 2 futbol, 2 esposo, 2 corazón, 2 adjetivo, 2 doctor, 2 mas, 2 use, 2 acciones, 2 usamos, 2 domesticas, 2 lavar, 2 pequeño, 2 preparar, 2 cena, 2 estudio, 2 trabajar, 2 fútbol, 2 excelente, 2 terrible, 2 hacerse, 2 hombre, 2 hacerlo, 2 mal, 2 llamada, 2 importante, 2 queja, 2 excusa, 2 promesa, 2 escándalo, 2 personas, 2 error, 2 descubrimiento, 2 diferencia, 2 noo, 2 choques, 2 eléctricos, 2 luego, 2 tren, 2 japón, 2 usted, 2 profesionales, 2 hora, 2 carne, 2 negocio, 2 arrullándolo, 2 coche, 2 robe, 2 india, 2 carro, 2 especiales, 2 revisa, 2 llamar, 2 agencia, 2 viajes, 2 nuevo, 2 seguro, 2 semáforo, 2 queremos, 2 fumar, 2 empezar, 2 requiere, 2 necesitas, 2 año, 2 cuentas, 2 mucha, 2 fiesta, 2 pastel, 2 nuevas, 2 mirar, 2 ejemplo, 2 enojado, 2 describir, 2 tristeza, 2 general, 2 punto, 2 periódicamente, 2 raramente, 2 cocino, 2 tomo, 2 rio, 2 ocasionalmente, 2 nunca, 2 nuevos, 2 correo, 2 madre, 2 acogedor, 2 verdad, 2 perdemos, 2 cuidadosamente, 2 súbitamente, 2 lamentablemente, 2 extraordinariamente, 2 tibio, 2 rápidamente, 2 excepcionalmente, 2 gravemente, 2 ly, 2 termina, 2 idioma, 2 herido, 2 peligroso, 2 control, 2 llegó, 2 rápido, 2 pasó, 2 segundo, 2 sigue, 2 tocó, 2 pídale, 2 grita, 2 oportunidad, 2 continuo, 2 pequeña, 2 soleado, 2 balbuceando, 2 desenrollándolo, 2 sangrando, 2 conversacion, 2 lee, 2 departamento, 2 emergencias, 2 calle, 2 co, 2 cuándo, 2 grandes, 2 treinta, 2 segundos, 2 ponga, 2 incline, 2 ligeramente, 2 atrás, 2 morada, 2 respiración, 2 bocanadas, 2 aire, 2 haciendo, 2 segura, 2 dar, 2 despierta, 2 nombre, 2 lejos, 2 esté, 2 llegue, 2 comamos, 2 abuelo, 2 mirada, 2 hermoso, 2 amanecer, 2 pensamos, 2 luz, 2 pies, 2 lleva, 2 prisa, 2 pa', 2 borrarme, 2 digo, 2 donde, 2 hicimos, 2 pregúntale, 2 necesidad, 2 tarde, 2 aguardiente, 2 caer, 2 debes, 2 llama, 2 dejarla, 2 simplemente, 2 sobre, 2 dios, 2 bum , 2 explosiones, 2 soy, 1 cebra, 1 río, 1 larga, 1 reímos, 1 introvertido, 1 ví, 1 caminó, 1 acostado, 1 piso, 1 estudian, 1 extrovertidos, 1 veterinarios, 1 médicos, 1 diciendo, 1 iba, 1 morir, 1 preocupados, 1 tratando, 1 salvarlo, 1 veterinario, 1 rinocerontes, 1 she, 1 delgados, 1 bonito, 1 muera, 1 regresamos, 1 caminaron, 1 esquina, 1 gran, 1 objetos, 1 quedé, 1 dormida, 1 gusto, 1 lloraste, 1 recuerdo, 1 gordito, 1 lunes, 1 alistarme, 1 súuuper, 1 luces, 1 perdona, 1 lloró, 1 escritorio, 1 caliente, 1 lloramos, 1 escriba, 1 fresco, 1 sujetos, 1 lloraron, 1 gastar, 1 dime, 1 olvidaré, 1 enséñame, 1 recordaré, 1 inclúyeme, 1 aprenderé, 1 benjamin, 1 franklin, 1 mínimo, 1 líneas, 1 cansado, 1 parque, 1 diversiones, 1 museo, 1 etc, 1 cita, 1 medica, 1 responder, 1 feeling, 1 divertido, 1 emocionado, 1 ocupada, 1 rojos, 1 somos, 1 feo, 1 muñeca, 1 codo, 1 gastaste, 1 pie, 1 tobillo, 1 rodilla, 1 gasto, 1 estómago, 1 pecho, 1 they, 1 sentirse, 1 gastaron, 1 doloroso, 1 jugabas, 1 emocionados, 1 as, 1 nervous, 1 nerviosos, 1 viste, 1 gordo, 1 cómo, 1 vio, 1 apenados, 1 pasa, 1 electrónicos, 1 vimos, 1 estomago, 1 arde, 1 imagen, 1 completar, 1 guys, 1 simpatico, 1 imaginen, 1 happy, 1 tendrás, 1 movimientos, 1 debe, 1 compré, 1 adivina, 1 compraste, 1 usen, 1 partes, 1 compró, 1 comunes, 1 adivine, 1 responda, 1 compramos, 1 cantidad, 1 será, 1 traerá, 1 sorpresa, 1 compraron, 1 lograron, 1 comunicarse, 1 hija, 1 poner, 1 recuerda, 1 distintas, 1 razón, 1 escríbelas, 1 tablero, 1 negro, 1 aprendizajes, 1 pon, 1 awesome, 1 azules, 1 alma, 1 actos, 1 secreto, 1 swama, 1 sivananda, 1

WORD COUNT

prepara, 1 pusiste, 1 describiendo, 1 crees, 1 puso, 1 respóndelas, 1 pusimos, 1 vs, 1 pusieron, 1 do, 1 concerned, 1 obligaciones, 1 regresa, 1 repetitivas, 1 make, 1 creaciones, 1 producir, 1 verdes, 1 mexico, 1 vecino, 1 esa, 1 diferenciación, 1 estudié, 1 estudiaste, 1 estudió, 1 platos, 1 ropa, 1 estudiamos, 1 estudiaron, 1 desayuno, 1 almuerzo, 1 recuerdas, 1 sándwich, 1 taza, 1 café, 1 reservación, 1 silencioso, 1 supe, 1 supiste, 1 negocios, 1 supo, 1 supimos, 1 supieron, 1 reporte, 1 exámen, 1 obtener, 1 ganancias, 1 fortuna, 1 cuidado, 1 personal, 1 am, 1 uñas, 1 cabello, 1 relaciones, 1 personales, 1 amor, 1 coquetear, 1 burlarse, 1 olvidé, 1 solucionar, 1 resolver, 1 generales, 1 cualquier, 1 querido, 1 olvidaste, 1 olvidó, 1 deprimo, 1 correcto, 1 esfuerzo, 1 comunicaciones, 1 olvidamos, 1 telefónica, 1 broma, 1 olvidaron, 1 apuesta, 1 romper, 1 confesión, 1 discurso, 1 predicción, 1 rompí, 1 rompiste, 1 rompió, 1 rompimos, 1 progreso, 1 divertirnos, 1 cometer, 1 escoger, 1 intento, 1 aclarar, 1 decidir, 1 escogí, 1 asegúrarse, 1 confirmar, 1 escogiste, 1 excepción, 1 escogió, 1 enfadado, 1 sabe, 1 experimento, 1 conoces, 1 dadores, 1 escogimos, 1 escogieron, 1 angry, 1 paga, 1 méxico, 1 especialmente, 1 empacadores, 1 escribiendo, 1 literalmente, 1 empacar, 1 quepa, 1 trenes, 1 estuve, 1 empacarlo, 1 definitivamente, 1 arquero, 1 estuviste, 1 apapachadores, 1 amazing, 1 cafeterías, 1 apapachos, 1 dólar, 1 estuvieron, 1 encantaban, 1 acurrucarse, 1 junto, 1 atractivo, 1 ashame, 1 hueso, 1 hiciste, 1 hizo, 1 cuidando, 1 guapo, 1 carros, 1 chavos, 1 miran, 1 hicieron, 1 aseguran, 1 amussed, 1 ruido, 1 limpiadores, 1 oído, 1 tuve, 1 limpieza, 1 entrar, 1 profesional, 1 arte, 1 balón, 1 transmitido, 1 generaciones, 1 básicamente, 1 chicos, 1 trabajan, 1 calles, 1 limpiando, 1 aguja, 1 cubierta, 1 algodón, 1 sincero, 1 pinzas, 1 limpian, 1 anciano, 1 perjudicar, 1 salud, 1 conjugación, 1 profesión, 1 empujar, 1 tuviste, 1 u, 1 soñado, 1 existe, 1 crearlo, 1 compártelas, 1 lesson, 1 tuvo, 1 pondrías, 1 escribirte, 1 entre, 1 usado, 1 obligación, 1 ganará, 1 opción, 1 sino, 1 hacerlas, 1 camiones, 1 equipo, 1 suegra, 1 mete, 1 hiciera, 1 tuvieron, 1 cambien, 1 di, 1 jefe, 1 reservara, 1 vuelo, 1 gol, 1 leíste, 1 librería, 1 profesora, 1 aventurero, 1 leyó, 1 rojo, 1 leímos, 1 timido, 1 casarse, 1 deseo, 1 quieres, 1 maestras, 1 leyeron, 1 cine, 1 sería, 1 pesimista, 1 ahorrar, 1 cancún, 1 dije, 1 montaña, 1 sano, 1 paris, 1 viajar, 1 sopa, 1 expresión, 1 manifestar, 1 rusa, 1 ancho, 1 almorzar, 1 padres, 1 llover, 1 claro, 1 renta, 1 dijiste, 1 lograr, 1 quizá, 1 ti, 1 abierto, 1 ponerme, 1 correr, 1 maratón, 1 próximo, 1 dijimos, 1 despertarse, 1 manejando, 1 encontrar, 1 delgado, 1 cambiar, 1 mejorar, 1 papas, 1 genio, 1 complete, 1 correctas, 1 compare, 1 sobrepeso, 1 diabetes, 1 carbohidratos, 1 azúcar, 1 roja, 1 gigante, 1 poder, 1 temprano, 1 cumpleaños, 1 pude, 1 preparando, 1 pudiste, 1 ingredientes, 1 acomode, 1 abogado, 1 unas, 1 llantas, 1 pudo, 1 nadar, 1 víveres, 1 limpiar, 1 impuestos, 1 cortar, 1 césped, 1 basquetbol, 1 lograrse, 1 pudimos, 1 poco, 1 adentro, 1 disfrutar, 1 transformación, 1 codicia, 1 gratitud, 1 juan, 1 crisóstomo, 1 normales, 1 pudieron, 1 trasero, 1 deprimido, 1 dr, 1 nublado, 1 hablaste, 1 seuss, 1 entiendes, 1 pocos, 1 hablamos, 1 hablaron, 1 ok, 1 podemos, 1 sentirnos, 1 seguido, 1 generoso, 1 desorden, 1 pensé, 1 pensaste, 1 ducha, 1 orgullosos, 1 postre, 1 pensó, 1 inteligente, 1 evitar, 1 mostrar, 1 expresando, 1 laboratorio, 1 equivoca, 1 raúl, 1 carla, 1 beber, 1 bebí, 1 ridiculizaré, 1 haré, 1 egocentrico, 1 reciba, 1 vacuna, 1 contra, 1 gripe , 1 preparativos, 1 significado, 1 pago, 1 tarjeta, 1 crédito, 1 mensualmente, 1 semanalmente, 1 diariamente, 1 reviso, 1 bebiste, 1 días, 1 leído, 1 poema, 1 chino, 1 esta , 1 revista, 1 será , 1 publicada, 1 recibo, 1 noticias, 1 bebió, 1 miami, 1 visitado, 1 comemos, 1 revisamos, 1 nuestra, 1 buzón, 1 working, 1 together, 1 traducción, 1 debajo, 1 construye, 1 propias, 1 bebimos, 1 cuadro, 1 ganamos, 1 hablo, 1 tampoco, 1 gimnasio, 1 duermo, 1 playa, 1 llamo, 1 visito, 1 lloro, 1 leo, 1 libro, 1 chistes, 1 recuperar, 1 dice, 1 piensan, 1 pierde, 1 ido, 1 propia, 1 bebieron, 1 vergüenza, 1 modo, 1 manera, 1 fin, 1 tipos, 1 roles, 1 ordenado, 1 cierto, 1 increible, 1 entero, 1 repite, 1 ahí, 1 hagan, 1 lado, 1 fuertemente, 1 ferozmente, 1 modifican, 1 fuí, 1 agregamos, 1 igual, 1 extrovertido, 1 ful, 1 agregar, 1 lea, 1 caminando, 1 patio, 1 asustados, 1 osos, 1 agresivos, 1 notaron, 1 fué, 1 sentirme, 1 veía, 1 agresivamente, 1 cuidan, 1 empezaron, 1 lenta, 1 calmadamente, 1 llegaron, 1 llamaron, 1 ven, 1 hipopótamos, 1 quién, 1 controló, 1 culpable, 1 inmediatamente, 1 llevaron, 1 hospital, 1 probabilidades, 1 supervivencia, 1 sorprendentemente, 1 sobrevivió, 1 curaron, 1 estábamos, 1 noticia, 1 preocupado, 1 entró, 1 habitación, 1 manejó, 1 través, 1 ciudad, 1 normal, 1 ensaladas, 1 paró, 1 repente, 1 difícil, 1 apenado, 1 tarta, 1 extraordinario, 1 deliciosa, 1 lindo, 1 increíble, 1 estupenda, 1 nativo, 1 da, 1 correspondiente, 1 caso, 1 leopardo, 1 corre, 1 habla, 1 duro, 1 jugando, 1 lean, 1 conviertan, 1 pasmado, 1 estados, 1 asegúrese, 1 entendiendo, 1 contenido, 1 niña, 1 jugó, 1 hermosa, 1 expandir, 1 cantaba, 1 honesto, 1 sentimos, 1 funeral, 1 miramos, 1 músico, 1 tocaba, 1 entuciasmados, 1 aplaudiendo, 1 aplaudían, 1 energético, 1 lleno, 1 energía, 1 juegas, 1 conductor, 1 maneja, 1 maestro, 1 visitante, 1 frecuente, 1 visitaba, 1 nuestros, 1 cachorros, 1 juguetones, 1 corren, 1 estúpida, 1 suave, 1 durmiendo, 1 profesor, 1 sabio, 1 angélica, 1 canta, 1 viven, 1 ayuda, 1 escribirlos, 1 empieza, 1 despiertas, 1 dragan, 1 tapshanov, 1 continuación, 1 convierte, 1 peter, 1 ruidosa, 1 optimista, 1 ruidosamente, 1 paseo, 1 barco, 1 flotaba, 1 paciente, 1 explica, 1 padre, 1 jason, 1 raro, 1 miraba, 1 acertiva, 1 eligió, 1 krysta, 1 tímida, 1 mira, 1 ambos, 1 perros, 1 feroces, 1 gruñen, 1 manager, 1 injusto, 1 trató, 1 jugadores, 1 agradecido, 1 vine, 1 escribí, 1 amorosa, 1 preopucpa, 1 egoísta, 1 actúa, 1 loca, 1 ríe, 1 hostil, 1 facil, 1 sucediendo, 1 sed, 1 flaco, 1 vemos, 1 amigables, 1 pena, 1 compro, 1 simple, 1 mire, 1 persona, 1 identificando, 1 empecé, 1 seriamente, 1 sientas, 1 sangrado, 1 preocupante, 1 viniste, 1 tímidos, 1 soda, 1 tomara, 1 perdido, 1 lamentar, 1 apúrese, 1 deme, 1 correos, 1 tanto, 1 sola, 1 clases, 1 supone, 1 nacería, 1 oír, 1 cinco, 1 salió, 1 falta, 1 similar, 1 revise, 1 cordón, 1 interés, 1 dígale, 1 masajee, 1 arriba, 1 abajo, 1 toalla, 1 vino, 1 vinimos, 1 ponerla, 1 borde, 1 hombros, 1 muro, 1 rocas, 1 amigable, 1 vea, 1 líquido, 1 verde, 1 enfadados, 1 azul, 1 vinieron, 1 creer, 1 decirle, 1 darle, 1 adivinen, 1 brazos, 1 cubra, 1 completamente, 1 nariz, 1 sople, 1 dividido, 1 iban, 1 dentro, 1 pulmones, 1 tomarse, 1 ruidos, 1 tiraron, 1 gesticulando, 1 viva, 1 formas, 1 humillación, 1 dejo, 1 saben, 1 exactamente, 1 niño, 1 lugares, 1 características, 1 darme, 1 número, 1 telefónico, 1 exacta, 1 youngfield, 1 levantar, 1 cuántos, 1 consciente, 1 decepcionado, 1 causó, 1 caída, 1 tropezó, 1 debía, 1 bella, 1 comí, 1 totalmente, 1 heridas, 1 parte, 1 minutos, 1 final, 1 indicar, 1 conmigo, 1 vaya, 1 empeorar, 1 entiende, 1 mueva, 1 botellas, 1 peligro, 1 espere, 1 comiste, 1 pendiente, 1 nota, 1 cambio, 1 antes, 1 llámeme, 1 inmediato, 1 marly, 1 collín, 1 debería, 1 pronto, 1 gramática, 1 comas, 1 salvan, 1 vidas, 1 sentí, 1 avergonzado, 1 hagamos, 1 eventos, 1 sucediente, 1 comprando, 1 boleto, 1 lotería, 1 cantando, 1 pronunciación, 1 cantemos, 1 espero, 1 jorge, 1 celedón, 1 olor, 1 mañana, 1 traguito, 1 café , 1 sol, 1 asoma, 1 ventana, 1 comió, 1 letreros, 1 meteré, 1 problemas, 1 paz, 1 montañas , 1 murciélagos, 1 atardecer , 1 emoción, 1 arena, 1 playa, 1 caña, 1 beso, 1 asustan, 1 comimos, 1 ayer, 1 comieron, 1 mamíferos, 1 podíamos, 1 calientito, 1 volar, 1 nerviosa, 1 deberíamos, 1 creerlo, 1 preocupada, 1 perdedores, 1 gracias, 1 sonríen, 1 caminaste, 1 insectos, 1 perdernos, 1 brindemos, 1 linda, 1 guitarra , 1 brindar, 1 aquel, 1 fue , 1 abrazo, 1 madrugada , 1 llenarme, 1 canciones, 1 vives, 1 unos, 1 katy, 1 perry, 1 molesto, 1 bolsa, 1 plástico, 1 deriva, 1 viento, 1 queriendo, 1 delgada, 1 papel, 1 castillo, 1 cartas, 1 soplido, 1 frutas, 1 profundamente, 1 enterrada, 1 tierra , 1 sabes, 1 todavía, 1 tí, 1 chispa, 1 toman, 1 encender, 1 sangre, 1 humana, 1 desagradable, 1 poseerla, 1 tuya, 1 sinónimos, 1 películas, 1 tranquilízate, 1 apenas, 1 inspirado, 1 santo, 1 cebras, 1 realidad, 1 encantaría, 1 ganara, 1 hacerles, 1 sentirte, 1 desperdicio, 1 reemplazada, 1 supieras, 1 depara, 1 futuro, 1 tormenta, 1 viene, 1 arco, 1 iris, 1 tal, 1 razón, 1 puertas, 1 estén, 1 podrías, 1 abrir, 1 una , 1 lleve, 1 carretera, 1 perfecta, 1 relámpago, 1 saltará, 1 aires, 1 sabrás, 1 encenderla, 1 gorditos, 1 elegantes, 1 traté, 1 despacio, 1 imitarlas, 1 ayudar, 1 estado, 1 dejarlo, 1 salir, 1 taken, 1 from , 1 http, 1 lyricstranslate, 1 com, 1 live, 1 my, 1 life, 1 html

www.ingramcontent.com/pod-product-compliance
Lightning Source LLC
Chambersburg PA
CBHW042000150426
43194CB00002B/70